Texte für Handy und Anrufbeantworter

Andrea Rodat/Alexander Herr

Texte für Handy und Anrufbeantworter

»Bitte sprechen Sie jetzt!«

FALKEN
Taschenbuch

Im FALKEN Verlag sind zahlreiche Titel zum Thema „Private und berufliche Kommunikation“ erschienen.
Sie sind überall dort erhältlich, wo es Bücher gibt.

Sie finden uns im Internet: **www.falken.de**

Dieses Buch wurde auf chlorfrei gebleichtem und säurefreiem Papier gedruckt.

Der Text dieses Buches entspricht den Regeln der neuen deutschen Rechtschreibung.

ISBN 3 635 60651 0

Umschlaggestaltung: Kraxenberger KommunikationsHaus GmbH, München
Redaktion: Birgit Schlegel
Herstellung: Bettina Christ

Satz: Petra Leupacher, Bad Soden
Druck: Freiburger Graphische Betriebe GmbH, Freiburg

817 2635 4453 6271

Inhalt

Vorwort

Sie wollen dringend Ihre beste Freundin erreichen, um einen Termin für den gemeinsamen Kinobesuch auszumachen oder ihr einfach den neuesten Tratsch aus der Clique berichten? Doch wie so oft: Die Vielbeschäftigte ist mal wieder nicht daheim. Da ertönt es plötzlich und unerwartet auf der anderen Seite der Leitung: „Guten Tag, hier spricht der Anrufbeantworter von ..."

Verflixt! Darauf waren Sie nun gar nicht gefasst. Und schon fehlen Ihnen die Worte. Eben noch wussten Sie so viel zu erzählen, jetzt kommen Sie nur noch ins Stottern. Ihr Atem stockt, Ihre Hände werden schweißnass. Der Grund: Schlagartig arbeitet Ihr kompletter Organismus auf Hochtouren. Innerhalb einer tausendstel Sekunde informiert das Ohr Ihr Gehirn über das Gehörte. Und das signalisiert: Anrufbeantworter – Stress pur! Ihr Körper wird kurzfristig mit erhöhter Energie versorgt, um die verzwickte Situation besser bewältigen zu können. Doch das hilft alles nichts. Es hat Ihnen momentan einfach die Sprache verschlagen. Entnervt und mit erhöhtem Puls legen Sie schnell wieder auf. Erst danach kommt es Ihnen in den Sinn, dass Sie ja wenigstens um einen Rückruf hätten bitten können.

Nicht nur der Anrufer, auch der Besitzer eines solchen „automatischen Sekretariats" ist oft überfordert. Natürlich weiß jeder, dass diese Errungenschaft der Technik viele Vorteile hat. Doch genau das schreckt auch ab. Und genau damit soll jetzt endlich Schluss sein! Dieses Buch hilft Ihnen dabei, den Frust mit Anrufbeantwortern zu überwinden. Natürlich haben wir dabei auch den mobilen Anrufbeantworter berücksichtigt, also die Mailbox Ihres Handys. Nach der Lektüre sollte es Ihnen leicht fallen, einen Anrufbeantworter zu benutzen – sowohl dann, wenn Sie Ihr eigenes Gerät besprechen als auch in all jenen Situationen, in denen Sie selbst aufgefordert werden, eine „Nachricht nach dem Piep" zu hinterlassen.

Unser kleiner Ratgeber zeigt Ihnen,

- wie Sie Ihren Anrufbeantworter und die Mailbox so besprechen, dass auch „ängstliche" Anrufer eine Nachricht hinterlassen,
- was Ihre Ansage auf jeden Fall enthalten muss – sowohl bei privater als auch geschäftlicher Nutzung,
- welche Vorteile Ihnen ein Anrufbeantworter „im Netz" bringt,
- welche Modelle es gibt, was sie leisten und was sie kosten,
- wie Sie Ihre Handy-Mailbox einrichten,
- wie Sie schnell und kostengünstig Nachrichten versenden können.

Außerdem finden Sie hier eine Sammlung der besten Ansagen für den Anrufbeantworter und die Mailbox des Handys: witzig und originell für alle möglichen Situaionen im privaten Bereich, formell und seriös für die geschäftliche Nutzung. So erleichtern Sie es allen Anrufern, Nachrichten auf Ihrem Band zu hinterlassen. Die Grübelei darüber, wer Sie wohl sprechen wollte, aber dann doch lieber einfach aufgelegt hat, findet somit endlich ein Ende!

Andrea Rodat und Alexander Herr

Anrufbeantworter – „ohne“ geht es auch im Privaten fast nicht mehr

In Firmen, Büros, Arztpraxen und Kanzleien sind die elektronischen Helfer schon seit vielen Jahren üblich. Auch im privaten Bereich sind Anrufbeantworter heutzutage keine Seltenheit mehr und nicht nur junge Menschen leisten sich diesen Service, selbst Oma und Opa verzichten heute ungern auf den elektronischen Butler. Schließlich hat man auch als Rentner so manche Verpflichtungen! Außerdem möchte man nicht verpassen, was Kinder, Enkelkinder, Freunde und Bekannte Interessantes zu berichten wissen.

Checkliste: Kauf eines Anrufbeantworters

Ob sich die Anschaffung eines Anrufbeantworters auch für Sie lohnt, zeigt dieser Test:

	Ja	Nein
1. Haben Sie einen großen Bekannten- oder Freundeskreis?	☐	☐
2. Werden Sie häufig zu Hause angerufen?	☐	☐
3. Sind Sie viel außer Haus?	☐	☐
4. Ärgert es Sie, wenn Sie später erfahren, dass andere vergeblich versucht haben, Sie daheim anzurufen?	☐	☐
5. Üben Sie Ihre Arbeit teilweise oder ganz zu Hause aus?	☐	☐
6. Sind Sie neugierig auf alles, was andere Ihnen berichten?	☐	☐
7. Passiert es Ihnen häufiger, dass Sie nicht schnell genug ans Telefon kommen?	☐	☐

	Ja	Nein
8. Erwarten Sie manchmal einen Anruf und haben deshalb Angst, das Haus, die Wohnung oder sogar das Zimmer zu verlassen?	☐	☐
9. Haben Sie hin und wieder unerwartet auswärtige Termine und würden Anrufern gerne mitteilen, warum Sie nicht ans Telefon kommen können?	☐	☐
10. Fehlt Ihnen manchmal ein Aufnahmegerät, um sich Notizen zu machen oder Briefe zu diktieren?	☐	☐
11. Möchten Sie manchmal nicht ans Telefon gehen oder nur dann abheben, wenn sich bestimmte Menschen melden?	☐	☐

Wenn Sie mindestens zwei dieser elf Fragen mit „Ja“ beantwortet haben, sollten Sie nicht länger zögern und sich das Leben mit einem technischen „Sekretariat“ erleichtern. Ein Anrufbeantworter kann nämlich viel mehr sein als nur eine akustische „Empfangsdame“. Die Geräte von heute sind schon fast ein kleines Büro, mit dem Sie allerhand erledigen können.

Welches Modell ist das richtige für mich?

Wer sich in den Regalen der Elektronikmärkte umschaut, wird feststellen, dass der überwiegende Teil der Anrufbeantworter digital ist. Diese Geräte speichern sowohl Ansagetexte als auch Nachrichten digital. Das verspricht in den meisten Fällen eine bessere Tonqualität. Das ist gerade bei billigen Geräten leider nicht immer der Fall. Deshalb sollten Sie beim Kauf auf Qualität achten. Das Angebot ist groß: Anrufbeantworter gibt es in vielen Farben und Designs – passend zu Telefon und Wohnung.

Diese Funktionen sollte Ihr neues Gerät haben

Wer sich zum Kauf eines Anrufbeantworters entschließt, sollte auf die folgenden Grundfunktionen achten – sie sind heute bei fast allen Geräten obligatorisch:

Display

Ein meist sehr übersichtliches Display zeigt Ihnen Datum und Uhrzeit an und auch gleich, wann jemand angerufen hat.

Ansagetext

Es ist noch kein Meister vom Himmel gefallen. Deshalb werden Sie im Normalfall Ihren Ansagetext erst einmal zur Probe aufnehmen und abhören. Bei Nichtgefallen ändern Sie den Text. Ihren Ansagetext können Sie so oft ändern, wie Sie möchten, ganz nach den Gegebenheiten, die Sie Ihren Anrufern mitteilen möchten. Manche Geräte ermöglichen dem Besitzer sogar, zwischen mehreren Ansagevarianten zu wählen. So lässt sich beispielsweise festlegen, ob der Anrufer im Anschluss eine Nachricht hinterlassen oder nur eine Mitteilung abhören kann (zum Beispiel, dass Ihr Büro derzeit nicht besetzt ist). Manche Geräte speichern sogar bis zu sechs verschiedene Ansagetexte, die Sie dann – je nach Situation – einsetzen können.

Abhören von Gesprächen

Die eingegangenen Nachrichten können Sie immer wieder abhören – so lange, bis Sie sie selbst löschen. Übermittelt Ihnen beispielsweise ein Anrufer eine wichtige Telefonnummer oder Adresse, können Sie diese auch zu einem späteren Zeitpunkt notieren, falls Sie gerade nichts zum Schreiben zur Hand haben. Vielleicht haben Sie aber auch den Namen oder die Nachricht eines Anrufers beim ersten Abhören nicht auf Anhieb verstanden und wollen es noch einmal hören.

Mailbox

Mit ihr können Sie interne Nachrichten hinterlassen. Sie können Ihrer Familie beispielsweise sagen, wo Sie gerade sind und wann Sie zurückkommen. Aber auch eine romantische Liebeserklärung an Ihre/n Liebste/n oder eine Mitteilung an Ihr Sekretariat findet hier Platz.

Diktieren

Ihr Anrufbeantworter ersetzt nicht nur die Sekretärin, sondern sogar ein separates Aufnahmegerät. Kommt Ihnen eine gute Idee oder wollen Sie den Brieftext an eine Freundin entwerfen? Sprechen genügt! Später können Sie Ihre Worte dann wieder abhören und aufschreiben.

Mithören

Sie haben einfach keine Lust oder Zeit, gerade zu telefonieren, warten aber trotzdem auf eine wichtige Nachricht einer bestimmten Person. Wenn Ihr Anrufbeantworter den gerade eingehenden Anruf aufzeichnet, können Sie sofort mithören. So erhalten Sie Ihre Informationen auf schnellstem Weg. Damit lassen sich auch unangenehme Gesprächspartner „abschütteln“. Wenn Sie aber hören, dass Ihre beste Freundin am Apparat ist, können Sie den Hörer direkt abnehmen.

Mitschneiden

Dies gehört bei den meisten Apparaten bereits zum Standard und dient dazu, Gespräche aufzuzeichnen. Diese Funktion ist beispielsweise interessant, wenn Sie mit Ihrem Geschäftspartner die Klauseln für einen Vertrag besprechen. Achtung: Im geschäftlichen Bereich sollten Sie Ihrem Gesprächspartner mitteilen, dass Sie das Gespräch zum Beispiel aus Gründen der besseren Abstimmung oder als Gedächtnisstütze aufzeichnen. Das erfordert nicht nur die Höflichkeit, sondern auch das Gesetz: Aufzeichnungen ohne Wissen des anderen sind nämlich strafbar (siehe Strafgesetzbuch § 201, Abs.1, Ziffer 1).

Fernabfrage

Diese Funktion ist heute selbst bei billigeren Geräten sozusagen inklusive. Wichtig ist die Fernabfrage vor allem für Menschen, die viel auf Reisen sind – beruflich oder privat. Von einem Telefon Ihrer Wahl aus (auch Handy oder öffentliche Fernsprechzelle) können Sie mittels einer Zahlen- oder Wortkombination Ihren Anrufbeantworter daheim anwählen und Mitteilungen abhören, löschen oder speichern.

Schlussansage

Ganze nach Belieben können Sie an Ihre Anrufer noch abschließend einige Grußworte richten. Das macht die Nutzung Ihres Anrufbeantworters noch persönlicher.

Maximale Nachrichtendauer

Damit können Sie die Dauer einer Nachricht, die der Anrufer hinterlässt, begrenzen. Was nützt es, wenn Ihr Anrufer erst lange ausholt und das Wesentliche deshalb nicht mehr auf Band ist? Sie kennen die Menschen am besten, die überwiegend bei Ihnen anrufen. Sie sollten deshalb darauf hinweisen, wie lange dem Anrufer Zeit für seine Nachricht bleibt.

Die Komfortausstattung – praktisch und bequem

Neben dieser Grundausstattung bieten die meisten Anrufbeantworter je nach Preisklasse eine Menge Zusatzfunktionen an:

Skipping

So nennt sich die Funktion, die es möglich macht, beim Abhören mehrerer Nachrichten von einer Meldung zur anderen zu springen. So erfahren Sie auf die Schnelle, was zum Beispiel Ihr Chef von Ihnen will und müssen sich nicht vorher erst in vollständiger Länge anhören, was Ihre Freundin wieder für schrecklichen Liebeskummer hat.

Meldefunktion

Sie zeigt an, ob Anrufe bei Ihnen eingegangen sind. Meist blinkt es, wenn jemand aufs Band gesprochen hat. Ein zweites Lämpchen signalisiert das Bandende. Es gibt aber auch genauere Anzeigen: etwa, wie viele Anrufe bei Ihnen eingegangen sind, zu welcher Uhrzeit sie stattfanden etc.

Akustische Raumüberwachung

Hier kann man Stimmen und Geräusche in Räumen über ein eingebautes Mikrofon übermitteln. Diese Funktion ist vergleichbar mit der eines Babyfons.

Audioeingang

Mit dieser Ausstattung können Sie Ihre Ansage mit Musik in bester CD-Qualität unterlegen.

Geräuschmelder

Er übernimmt die Rolle eines Überwachungsdienstes in den eigenen vier Wänden. Vernimmt der Anrufbeantworter ein verdächtiges Geräusch, beispielsweise eine quietschende Tür oder das Umfallen eines Gegenstandes, wählt er selbstständig bis zu vier festgelegte Rufnummern an. Wer Eindringlinge in die Flucht schlagen will, kann sogar eine Alarmvorrichtung oder den Notruf zur Polizei aus der Ferne steuern.

Kostensparfunktion

Wer von unterwegs aus eine Fernabfrage machen möchte, dem wird damit eine kostenlose Vorabfrage ermöglicht. Sind in der Zeit Ihrer Abwesenheit neue Anrufe eingegangen, meldet sich der Rufsammler bereits nach dem zweiten Klingeln. Ist dies nicht der Fall, setzt erst das vierte Läuten das Gerät in Betrieb. Der lange Ansagetext, der unnötig Gebühren kostet, wird durch das Drücken einer Raute- oder Sterntaste unterbrochen. Nach der Eingabe eines Codes stehen dann nahezu alle Menüpunkte des Rufsammlers zur Verfügung: So kann man von unterwegs neue Ansagetexte aufnehmen, Nachrichten löschen, das Gerät ein- und ausschalten sowie Memos aufnehmen.

Anruf-Weitermeldung

Sie schickt dem Besitzer des Anrufbeantworters Signale, zum Beispiel zum Cityruf-Empfänger oder zu einer einprogrammierten Telefonnummer. So erfahren Sie, dass gerade ein Gespräch angekommen ist und können schnell per Fernabfrage abhören, wer etwas von Ihnen wollte. Damit verpassen Sie weder die lang ersehnte Verabredung noch ein wichtiges Geschäft. Übrigens: Bei manchen Geräten kann die Weitermeldung auch per SMS (Short Message Service) erfolgen. Mehr dazu Seite 97.

VIP-Funktion

Ist die VIP-Funktion eingeschaltet, kommen nur noch die Anrufer zu Ihnen durch, die eine Geheimnummer für Ihren Anrufbeantworter besitzen.

Integrierter Batteriebetrieb

Bei vielen Geräten gehört ein zugeschalteter Batteriebetrieb bereits zur Standardausrüstung. So entgeht Ihrem elektronischen Butler auch bei einem Stromausfall nichts. Je nach Kapazität des Akkus speichert er bis zu vier Stunden lang die Meldungen für Sie.

Fernbedienung

Manche Anrufbeantworter besitzen zusätzlich eine Fernbedienung. So können Sie Ihr elektronisches Sekretariat auch von einem anderen Raum aus bedienen. Oft ist diese Funktion bei einem Kombi-Gerät im schnurlosen Telefon integriert.

Telefonbuch

Hat ein Anrufer die Rufnummernübermittlung aktiviert, zeigt das Display des Anrufbeantworters, wer angerufen hat. Und damit nicht genug: Auf Tastendruck wählt der Rufsammler die gespeicherten Nummern. Die angezeigte Nummer lässt sich dann auch gleich im elektronischen Telefonbuch speichern und mit dem dazugehörigen Namen versehen.

Augen auf beim Kauf!

Mittlerweile werden Anrufbeantworter nicht nur von Fachgeschäften geführt, auch Multimediamärkte und Supermarktketten bieten die praktischen Helfer an. Grundsätzlich ist bei Billiggeräten Vorsicht geboten, denn nicht selten gibt es Probleme, wenn einmal Mängel auftreten. Billighersteller bieten nämlich nicht immer perfekten Kundendienst. Selbst wenn auf das Gerät eine Garantie gegeben wird, heißt das noch lange nicht, dass Ihr Anrufbeantworter wieder ordentlich instand gesetzt beziehungsweise erneuert wird. Dennoch sollten Sie unter bestimmten Umständen den Kauf der No-Name-Ware erwägen. Es lohnt sich nämlich dann, wenn Sie einen Anrufbeantworter nur für den Privatbereich nutzen wollen. Warum sollten Sie in diesem Fall tiefer in die Tasche greifen als unbedingt nötig? Wenn Sie genau wissen, welches Modell Sie möchten und präzise Vorstellungen von den Leistungsfunktionen und dem

Preis haben, finden Sie in den großen Elektronikmärkten sicherlich das Modell Ihrer Wahl.

Sind Sie allerdings unentschlossen und wollen nicht auf eine Beratung verzichten, dann suchen Sie am besten einen Fachhändler auf. Allerdings sollten Sie darauf achten, dass er Ihnen nicht gerade das teuerste Produkt verkaufen will. Entscheiden Sie vor dem Kauf, was ein Gerät für Ihre Bedürfnisse alles können muss und was Sie in etwa ausgeben möchten. Zum Fachhandel zählt sicher auch die Telekom, die etliche Anrufbeantworter im Sortiment führt. Hier haben Sie zudem die Möglichkeit, die Geräte zu leasen.

Darauf sollten Sie achten

Verständliche Gebrauchsanweisung

Was nützt Ihnen ein funktionsreiches Modell, wenn Sie es nicht bedienen können, weil die Anleitung unverständlich ist? Wenn Sie darin beispielsweise lesen: „Anklemmen A in Büchse C, funktionieren zu D, hören gutt“, dann scheuen Sie sich nicht, Ihren Händler aufzusuchen. Schlechte Übersetzungen sind bei Gebrauchsanweisungen keine Seltenheit. Geben Sie das Problem an den Verkäufer weiter und lassen Sie sich auf keinen Fall abweisen!

Die CE-Nummer

Seit dem 1. Januar 1998 gibt es in der Bundesrepublik Deutschland die so genannte Regulierungsbehörde für Telekommunikation und Post (Reg TP). Es handelt sich dabei um die Nachfolge des ehemaligen „Bundesamts für Post und Telekommunikation (BAPT)“. Dieses Bundesamt teilte bis 1998 die BZT-Nummern zu: eine Art Unbedenklichkeitsbescheinigung, nach der sämtliche Telekommunikationsgeräte auf Sicherheit und Zuverlässigkeit überprüft wurden. Heute haben private Firmen diese Prüfdienste übernommen; sie sorgen dafür, dass alle Geräte statt der ehemaligen BZT-Nummer eine CE-Nummer erhalten. Diese CE-Nummer wird nach dem EMV-Gesetz vergeben. EVM steht für Elektromagnetische Verträglichkeit, also die Fähigkeit Ihres Telefonapparats oder

Anrufbeantworters, so zu arbeiten, dass keinerlei elektromagnetische Störungen verursacht werden.

Garantie

Jedes Gerät kann einmal kaputtgehen. Ebenfalls gar nicht so selten sind so genannte „Montagsgeräte“, die gleich mit Defekt geliefert werden. Die Garantiezusage sichert Ihnen zumindest den Umtausch oder die Reparatur des Gerätes zu. Ist das nicht im Preis inbegriffen, heißt das Finger weg vom Kauf.

Der Anrufbeantworter „im Netz“

Wer die Vorteile eines Anrufbeantworters nutzen möchte, sich aber nicht unbedingt ein Gerät anschaffen will, hat heute ganz neue Möglichkeiten: Die Deutsche Telekom bietet einen Anrufbeantworter an, der in der Leitung bzw. im Festnetz steckt – die so genannte T-Net-Box.

Sie können sich Ihre T-Net-Box bequem von zu Hause aus einrichten. Die Box bedienen Sie über die Tasten Ihres tonwahlfähigen Telefons. Dazu brauchen Sie kein Zusatzgerät. Sogar während Sie telefonieren, kann die T-Net-Box für Sie Sprach- und Faxnachrichten aufnehmen. Die eingegangenen Nachrichten lassen sich dann weltweit von jedem Telefon aus abfragen. Auf Wunsch kann Sie Ihre Box sogar persönlich benachrichtigen, wenn eine Nachricht eingegangen ist, das funktioniert von jedem Telefon und Handy der Welt aus. Wer möchte, kann sich auch per SMS die Nachrichten überspielen lassen. Eine Geheimzahl, die Sie selbst bestimmen, schützt davor, dass unberechtigte Personen Zugriff auf Ihre T-Net-Box haben.

Was die T-Net-Box noch kann

- Die Box kann bis zu 30 Faxe mit einer Länge von 10 DIN-A4-Seiten empfangen und speichern. Sie können diese Nachrichten dann jederzeit an jedem beliebigen Fax abrufen oder sie in Ihrem PC empfangen.

- Gibt es in der Familie Streit um den Anrufbeantworter im Netz oder möchte nicht jedes Familienmitglied, dass seine Nachrichten auch von anderen abgehört werden können – kein Problem! Es lassen sich bis zu neun Family Boxen innerhalb einer T-Net-Box einrichten, sodass jedes Familienmitglied einen persönlichen, mit Geheimzahl gespeicherten Anrufbeantworter im Netz besitzt.
- Hat Ihre Erbtante angerufen, sich aber wieder mal nicht getraut, eine Nachricht zu hinterlassen? Für diesen Fall sagt Ihnen die Box auch die Rufnummern an, die Ihre T-Net-Box erreicht haben, ohne eine Nachricht zu hinterlassen. Zumindest dann, wenn das Telefon Ihrer Tante deren Nummer anzeigt. Haben Sie Lust auf ein Gespräch mit ihr, können Sie dann sogar mit dem automatisierten Rückruf die gespeicherten Nummern anwählen.

Wie man die T-Net-Box einrichtet

Es ist gar nicht schwer, sich den praktischen Anrufbeantworter im Festnetz einzurichten:

1. Sie wählen die Zugangsnummer für die T-Net-Box. Zurzeit (Frühjahr 2001) ist das die Nummer 08 00 / 3 30 24 24.
2. Die T-Net-Box sagt Ihnen dann, welche Eingaben Sie machen müssen.
3. Sie geben eine frei wählbare Geheimzahl ein.
4. Ihre T-Net-Box ist eingerichtet.
5. Sie bekommen eine ausführliche Bedienungsanweisung auf dem Post weg zugeschickt.

TIPP

Übrigens: Dieser praktische Service ist gar nicht teuer. Er kostet Sie lediglich monatlich eine Grundgebühr von vier Mark.
Die erste Family-Box ist kostenfrei, jede weitere kostet eine Mark. Wer einen ISDN-Komfortanschluss besitzt, zahlt für die Net-Box sogar überhaupt nichts – sie ist im Grundpreis enthalten.

Das mobile Telefonieren

Allein bis zum ersten Halbjahr 2000 wurden in Deutschland etwa 40 Millionen Handy-Verträge unterzeichnet. So ist also im Durchschnitt jeder zweite Deutsche auch unterwegs immer zu erreichen. Doch gerade beim Essen im Restaurant, bei einer wichtigen Besprechung oder beim Einkauf im Supermarkt möchte man nicht unbedingt von einem Anrufer gestört oder durch das Klingeln der Handys von allen Seiten verärgert angeschaut werden.

Die Mailbox

Damit Ihnen trotzdem keine einzige Nachricht entgeht, haben Handys ihren im mobilen Netz integrierten Anrufbeantworter – die so genannte Mailbox.

Welche Vorteile bietet sie?

Ihnen entgeht kein Anruf

Die Mailbox nimmt Ihre Gespräche entgegen, wenn Sie bei einem Anruf mal nicht zum Handy greifen können.

Sie werden automatisch über neue Nachrichten informiert

Ihre Mailbox meldet sich sofort bei Ihnen, sobald eine Nachricht aufgesprochen wurde. Per Kurzinfo oder Benachrichtigungsanruf direkt auf Ihrem Handy, umgehend und innerhalb Deutschlands kostenlos. Die Kurzinfo gibt Ihnen auch an, wie viele Nachrichten seit dem letzten Abhören auf Ihre Mailbox gesprochen wurden. Bei jeder neuen Nachricht erhalten Sie eine weitere Kurzinfo mit der aktuellen Anzahl neuer Nachrichten.

Die Mailbox schaltet sich nur ein, wenn Sie es wünschen

Sie bestimmen ganz individuell, ob und in welcher Situation sich Ihre Mailbox einschalten soll. Ob bei „besetzt", wenn Sie nicht erreichbar sind (etwa weil das Handy ausgeschaltet ist) oder bei „nicht erreichbar" (also, weil Sie das Gespräch trotz längerem Anklingeln nicht annehmen).

Die Mailbox meldet sich persönlich und ganz individuell

Wie bei einem Anrufbeantworter können Sie eine persönliche Begrüßung aufnehmen. Sie können aber auch eine Standardbegrüßung wählen. Auf jeden Fall sollten Sie Ihren Namen mit der eigenen Stimme aufsprechen.

Kein Anschlusspreis, kein Basispreis

Bei den meisten Mobilfunk-Anbietern wird die Mailbox kostenlos eingerichtet und betrieben. Das kann allerdings von Tarif zu Tarif variieren und hängt auch davon ab, welche Zusatzfunktionen der Mailbox Sie nutzen wollen.

Eine einzige Mailbox für Mobilfunk- und Festnetz

Sie können einen beliebigen Telefonanschluss als zusätzlichen Mailbox-Zugang angeben. Ihre Mailbox informiert Sie dann beispielsweise auf Ihrem Telefon im Büro mit einem Benachrichtigungsanruf über neue Nachrichten. Sie können auch Ihre Mailbox von diesem Anschluss aus abhören – ohne Eingabe der Geheimzahl. Ihre Mailbox wird so zum Anrufbeantworter fürs Handy und den Festnetzanschluss, beispielsweise bei Ihnen zu Hause. Sie leiten einfach Ihre Anrufe vom Handy nach zu Hause um. Das geht allerdings nur, wenn Ihr Telefonnetz die Anrufweiterleitung ermöglicht.

Ihre Mailbox als Fax

Sie können auf Ihrer Mailbox auch Faxe empfangen und über jedes beliebige Faxgerät oder jeden Computer mit angeschlossenem Fax-Modem ausgeben. Vorteil: Sie bekommen Ihre Faxe genau dorthin, wo Sie sie gerade brauchen. Ideal für Geschäftsreisende!

Rufnummernfalle für Mailbox-Muffel

Mit den neuen Geräten haben Mailbox-Muffel keine Chance mehr. Denn wenn ein Anrufer keine Nachricht hinterlässt, speichern die neuen Mailboxen seine Rufnummer. Sie können sich diese dann zusammen mit dem Anrufzeitpunkt ansagen lassen und direkt zurückrufen. Voraussetzung: Der Anschluss Ihres Anrufers übermittelt seine Rufnummer.

Einrichten der Mailbox

Sie rufen Ihre Mailbox im entsprechenden Mobilfunknetz an und richten sie ein. Das geht ganz schnell:

1. Begrüßungsansage ausdenken:

Überlegen Sie sich zunächst einen Begrüßungstext und notieren Sie ihn kurz. In Kapitel 15 und 16 finden Sie zahlreiche Beispiele dafür. Beachten Sie dabei die jeweilige Höchstdauer Ihrer Begrüßungsansage. Ihre Mailbox kann auch auf reine Ansagefunktion umgestellt werden. Bitte beachten Sie, dass dann der Anrufer keine Nachricht für Sie hinterlassen kann. Hierfür müssen Sie eine persönliche Ansage aufsprechen, die zusätzlich zu den Begrüßungstexten gespeichert wird.

2. Mailbox anrufen und den Hinweisen folgen:

- Im D2-Netz wählen Sie die 55, gefolgt von Ihrer D2-Nummer.
- Bei D1 rufen Sie die 3311 an.
- Bei E plus wählen Sie die 9911. Danach wird Ihnen Schritt für Schritt erklärt, was Sie tun müssen. Nach der Einrichtung Ihrer Mailbox werden Ihnen automatisch, falls vorhanden, alle neuen Nachrichten vorgespielt.

3. Persönliches Mailbox-Kennwort (Geheimzahl) festlegen:

Ihr Kennwort wird bei Anrufen von anderen Handys oder aus anderen Netzen abgefragt. Dies schützt Ihre Nachrichten vor unbefugtem Zugriff. Folgendes ist dabei unbedingt aus Sicherheitsgründen zu beachten:

- Geben Sie nicht mehr als zwei gleiche Ziffern hintereinander ein.
- Wählen Sie keine Zahlenreihen wie 1234 oder 7654.
- Verwenden Sie keine der zu Ihrer Rufnummer gehörenden Nummern.

Abhören der Mailbox

Wenn Sie neue Nachrichten Ihrer Mailbox abhören wollen, wählen Sie die Zugangsnummer: bei D2 die 55 und danach Ihre Rufnummer. Für die beiden Mobilfunknetze von D1 und E plus gilt: Sie wählen aus dem eigenen Netz einfach die 3311 bzw. die 9911 ohne nachfolgende Rufnummer, dann sind Sie direkt mit Ihrer Mailbox verbunden.

Wollen Sie Ihre Nachrichten auf der Mailbox aus anderen Mobilfunknetzen oder einem Festnetz abhören, müssen Sie vorher noch Ihre Netzvorwahl wählen:

- bei D2 die 0172, 0173 oder 0174
- bei D1 die 0170, 0171, 0175 und – ganz neu: 0160
- bei E plus die 0177 und 0178.

Sind Sie im Ausland, müssen Sie zuvor noch die deutsche Vorwahl (0049 oder +49) eingeben. Beachten Sie dabei, dass Sie bei Abfragen aus dem Ausland immer das Mailbox-Kennwort benötigen!

Kleine Information am Rande: Wenn die ersten UMTS-Handys auf den Markt kommen, wird man sich auf komplett neue Telefonnummern im mobilen Netz einrichten müssen. UMTS-Handys, mit denen man auch im Internet surfen kann, sollen dann zwölfstellige Nummern haben. Wahrscheinlich werden sie alle mit der Vorwahl 015 beginnen. Jeder der dann sechs Mobilfunkanbieter kann 100 Millionen Telefonnummern vergeben – der Markt der Zukunft ist also riesig.

So sparen Sie Gesprächskosten

Wenn Sie ins Ausland reisen und nicht ständig erreichbar sein müssen, stellen Sie am besten die automatische Rufumleitung für alle Anrufe ein. So können Sie problemlos telefonieren, wann immer Sie wollen. Ankommende Anrufe werden jedoch sofort auf Ihre Mailbox umgeleitet. Diese hören Sie dann nur von Zeit zu Zeit ab – dabei sparen Sie unter Umständen eine Menge Geld: Denn wenn Sie einen Anruf aus Deutschland erhalten, teilen Sie sich mit dem Anrufer die Kosten. Der Anrufer bezahlt die Gebühren bis zur deutschen Grenze, Sie die Gebühren für das ausländische Netzt. Nicht vergessen: Die automatische Rufumleitung können Sie nur in Deutschland einrichten.

TIPP

Übrigens: Um Benachrichtigungskosten auszuschließen, sollten Sie vor Auslandsreisen die Benachrichtigungsfunktion auf schriftliche Kurznachrichten (SMS) umstellen.

Die persönliche Ansage

Sie haben sich entschieden, einen Anrufbeantworter zu kaufen? Ganz gleich, welches Modell Sie gewählt haben – um Nachrichten empfangen zu können, müssen Sie erst einmal einen Ansagetext aufsprechen. Schließlich sollte jeder Anrufer auch wissen, mit wem er es am anderen Ende der Leitung zu tun hat: mit Ihrem persönlichen Anrufbeantworter nämlich. Also, frisch ans Werk – es ist leichter als man denkt!

So besprechen Sie Ihren Anrufbeantworter

- Entscheiden Sie sich in Ruhe, welchen Ansagetext Sie bevorzugen. Den meisten Menschen fällt die Ansage leichter, wenn sie sich den Text vorher aufschreiben und ihn mehrmals laut lesen. Bei Aufnahme aber sollten Sie flüssig und „normal" sprechen – eben so, wie sonst auch.
- Platzieren Sie den Anrufbeantworter so, dass Sie aufrecht vor ihm sitzen. Müssen Sie sich bei der Aufnahme zu sehr verrenken oder sind Sie gar gezwungen, auf dem Boden zu knien oder zu liegen, klingt Ihre Stimme mit Sicherheit verzerrt.
- Halten Sie Abstand: Bei Anrufbeantwortern mit eingebautem Mikrofon sollten Sie nicht näher als bis auf zehn Zentimeter herangehen. Bei Geräten mit normalem Kassettenrekorder sitzen Sie für die Aufnahme am besten 20 Zentimeter entfernt.
- Drücken Sie die Aufnahmetaste. Bei manchen Apparaten ist es nötig, die Taste während der gesamten Aufnahme gedrückt zu halten. Modernere Geräte arbeiten auf Knopfdruck und schalten sich, meist nach einer Pause von mehr als zwei Sekunden, automatisch wieder ab.
- Sprechen Sie Ihren Text in normaler Lautstärke und vor allem deutlich. Wichtig: Vermeiden Sie längere Pausen, sonst schalten sich viele Geräte automatisch ab.

- Hören Sie sich Ihre Ansage aufmerksam an.
- Sind Sie zufrieden? Dann speichern Sie Ihre Ansage.

Einfach, nicht wahr? Nun wird es Zeit für einen ersten Versuch! Bedenken Sie: Nur zwölf bis 25 Sekunden haben Sie in der Regel Zeit für Ihren Ansagetext!

Hat es geklappt? Dann gehören Sie schon zu den Profis des perfekten Timings. Doch beim Abhören kommt manchmal die Enttäuschung: Ihre Stimme klingt fremd, verzerrt und viel zu leise. Außerdem haben Sie sich zu allem Überfluss vielleicht auch noch verhaspelt. Aber: Es ist noch kein Meister vom Himmel gefallen. Es wird Ihnen also nichts anderes übrig bleiben als zu üben, zu üben, zu üben ...

Was es noch zu beachten gibt

Es gibt einige Standards, die Sie beachten sollten und die Ihnen beim Entwurf Ihres Textes weiterhelfen:

- Melden Sie sich mit Ihrem Namen und sagen Sie Ihre Telefonnummer. Hat sich der Anrufer verwählt, kann er sofort auflegen, ohne dass sein Gebührenzähler übermäßig strapaziert wird.
- Geben Sie Ihren Anrufern ein paar Instruktionen: Weisen Sie darauf hin, dass sie Namen, Rufnummer und den Grund ihres Telefonats hinterlassen sollten.
- Hat Ihr Anrufer für seine Nachricht nur eine begrenzte Zeit zur Verfügung, so teilen Sie ihm dies sofort mit. Nichts ist ärgerlicher, als mit den Worten „Das Band schaltet jetzt ab“ unterbrochen zu werden.

Ansagetexte wechseln – kein Problem!

Egal, welchen Anrufbeantworter Sie sich zugelegt haben: Alle haben eines auf jeden Fall gemeinsam – die Ansagetexte können jederzeit gewechselt werden. Wäre ja auch noch schöner, wenn Frau Körner nach ihrer Heirat einen neuen Apparat kaufen müsste, nur weil sie den Namen ihres Mannes angenommen hat!

Das Wechseln des Ansagetextes ist simpel: Sie müssen einzig und allein unsere Gebrauchsanweisung vom Anfang des Kapitels beherzigen. Also, auf den Aufnahmeknopf drücken, sprechen und speichern. So haben Sie, sooft Sie wollen, die Möglichkeit, Ihren Anrufern einen neuen Text anzubieten.

Auf eines nur sollten Sie achten, vor allem wenn Sie kein Gerät mit digitaler, sondern mit Bandaufzeichnung zur Verfügung haben: Der Anfang des Bandes wird besonders häufig genutzt. Dadurch entstehen Verschleißerscheinungen. Die erkennen Sie sofort, wenn Sie sich zwischendurch mal selbst anrufen und das Band abhören. Vernehmen Sie ein Kratzen oder eine Verzerrung der Stimme, ist die Zeit reif, ein neues Band einzulegen.

„Nur zu Ihrer Information" – die Nachrichtenfunktion

Sie können Ihren Anrufbeantworter auch auf die „Nur-Nachrichten-Funktion" umstellen. Das macht es Ihnen leichter, wenn Sie zum Beispiel ein Zeitungsinserat aufgegeben haben und Ihren Anrufern mitteilen möchten, dass das Auto verkauft, die Wohnung längst vermietet und der Nachwuchs Ihrer Hündin schon seit Stunden neue Herrchen und Frauchen gefunden hat. Wer jemals eine Anzeige aufgegeben hat, kennt das Spiel nämlich nur zu gut: Sobald die Zeitung erschienen ist, schrillt unaufhörlich das Telefon. Ist Ihr Angebot auch noch besonders attraktiv, können Sie sich vor Anrufern nicht mehr retten. Haben Sie weder Zeit und Lust noch die Nerven von Interessenten telefonisch verfolgt zu werden, raten wir Ihnen dringend zur Einschaltung des Anrufbeantworters. Auch dann, wenn Sie nicht schon morgens um 6 Uhr aus dem Bett geklingelt werden möchten. Die Nachrichtenfunktion ist jedoch nicht nur für private Inserenten ein Segen. Ärzte und Geschäftsleute teilen ihren Patienten und Kunden so die Sprech- bzw. Öffnungszeiten mit.

TIPP

Doch gleich eine Warnung! Kommen Sie nicht unbedingt auf die Idee, Ihren Mitmenschen per Anrufbeantworter zu verraten, dass Sie in den nächsten drei Wochen Ihren Urlaub unter südlicher Sonne genießen wollen. Nicht nur Freunde melden sich bei Ihnen. So mancher Ganove bekam schon vom Anrufbeantworter den heißen Tipp, dass niemand im Hause ist. Formulieren Sie deshalb Ihre Ansagen immer möglichst unverfänglich und allgemein.

So, nun wird es Zeit, Ihren neuen technischen Helfer auszupacken, aufzubauen, anzuschließen und vor allem zu besprechen. Fehlt Ihnen noch der richtige Spruch? Dann finden Sie ihn ganz sicher auf den folgenden Seiten!

Sprüche für Singles

Ansagen wie „Guten Tag, ich bin im Moment nicht erreichbar, bitte hinterlassen Sie Namen und Telefonnummer, ich rufe zurück“ sind eher dazu geeignet, Menschen am anderen Ende der Leitung in sofortigen Tiefschlaf zu versetzen – was es für sie unmöglich macht, der Aufforderung nachzukommen. Die Sprüche in den folgenden Kapiteln sind für alle diejenigen gedacht, die ihren Anrufern einen gewissen Anreiz für die Nachricht nach dem berühmten Signalton geben wollen. Selbstverständlich können Sie nach persönlichen Bedürfnissen und frei nach Lust und Laune variieren.

Ladys first! Alle Frauen, die wissen, was sie wollen – oder besser, die wissen, dass sie was wollen – finden im Folgenden bestimmt die eine oder andere Variante, die den Gesprächspartner nicht im Unklaren lässt ...

Hallo, hier ist Sabine. Momentan ist meine Wohnung leider verwaist, weil ich mal wieder auf Männerfang bin. Wer sich angesprochen fühlt, sollte aufpassen, dass er den Anschluss nicht verliert und schnellstens Name und Telefonnummer hinterlassen – ich rufe bestimmt zurück. Achtung, jetzt kommt das Vögelchen ...

Stimmt genau, hier ist die liebe Heike. Warum rufst du denn an, wenn ich nicht da bin? Angst, vernascht zu werden? Wenn du mir deinen Namen und die Telefonnummer verrätst, soll einem Festschmaus nichts mehr im Wege stehen. Bis bald, hoffe ich ...

Hier sind Sie bei der richtigen Nummer gelandet. Petra ist zwar im Moment verhindert, aber ich, ihr elektronischer Sekretär, bin befugt, Name und Telefonnummer ihres zukünftigen Traummannes weiterzugeben. Aber erst auf das Piepsen warten ...

Hallo, hier ist der kleine Helfer von Christiane. Ich kann wie meine Chefin einfach die Klappe nicht halten und werde ihr sofort verraten, wer angerufen hat, wenn sie heimkommt. Aber genau das willst du doch, oder? Also lass Namen und Telefonnummer rüberwachsen, und du wirst sehen, was du davon hast ...

Guten Tag, meine Lieben, hier ist Tanja. Warum setzt ihr euch nicht einfach ins Auto und sucht mich? Meine Stammkneipen kennt ihr ja. Wir können dann alles in Ruhe besprechen ...

Hallo, hier ist die tolle Verena. Keine Panik, ich bin zwar momentan nicht hier, aber man soll die Hoffnung nie aufgeben. Also nur Mut und lasst eure Daten da, damit ich euch bei meiner Heimkehr beglücken kann.

Hallo Jungs. Eure Monika ist gerade nicht zu Hause, aber was soll's? Wenn sie euren Namen und Telefonnummer kennt, erreicht sie euch, wo auch immer ihr seid. Ist das nicht toll? Also, los geht's ...

Hallo, hier ist Michaela. Bestimmt ruft endlich mein Traummann an, und ich treibe mich gerade in der Gegend herum. Aber keine Angst, du kannst deine verführerische Stimme auf meinem Band verewigen und schon wirst du von einem Rückruf meinerseits beglückt. Na, ist das vielleicht kein verlockendes Angebot?

Man kann nicht alles haben. Auch ich bin ab und zu auf Achse, weil ich zu oft daheim vergeblich auf DEN Anruf warte. Wenn du Glück hast, kehre ich unverrichteter Dinge heim. Dann hoffe ich aber wenigstens, deine Stimme auf Band zu hören. Also, raus mit Namen und Telefonnummer. Vielleicht muss ich ja schon morgen nicht mehr allein ausgehen ...

Hallo, hier ist die Stimme von Carolin. Keine Angst, mein Anrufbeantworter beißt nicht. Er will nur wissen, wer sich nach mir erkundigen wollte, damit er sein Frauchen informieren kann. Also, furchtlos den Namen und die Telefonnummer aufs Band gesprochen, und schon kann das Schicksal seinen Lauf nehmen ...

Hier spricht der beste Freund von Martina. Ich habe mir ihre Stimme kurz ausgeliehen, weil ich euch sagen soll, dass sie dringend auf einen Anruf eines bestimmten Herrn wartet. Bist du das etwa? Dann nichts wie raus mit der Telefonnummer, Martina ist schon so gut wie in deiner Leitung!

Wo hab ich nur wieder meinen Kopf? Bestimmt habe ich eine Verabredung vergessen, die sich jetzt beschweren will. Aber selbst wenn nicht – für einen netten Abend zu zweit ist in meinem Terminkalender immer Platz. Du musst mir natürlich deine Telefonnummer und vor allem deinen Namen verraten, damit ich weiß, was ich anziehen soll ...

Hallo, hier ist Gundula. Mensch Stefan, dass du dich mal wieder meldest! Wie bitte? Sie sind nicht Stefan? Oh, Entschuldigung! Aber wenn Sie nächstes Wochenende nichts Besseres vorhaben – ich kenne da ein verträumtes kleines Lokal am Waldrand ... Aber jetzt stellen Sie sich erstmal vor – natürlich nach dem Signalton!

Na gut, Sie müssen ja nicht gleich mit der Tür ins Haus fallen. Für alle Mädels, die's lieber ruhiger mögen oder die gar schon ausreichend bedient sind, haben wir natürlich auch ein paar Vorschläge in petto ...

Tag, hier spricht Simone. Entweder bin ich gerade beim Staubsaugen oder ich zähle im Keller die Kartoffeln oder ich halte gerade ein Referat in meiner Frauengruppe. Vielleicht habt ihr ja ein andermal mehr Glück.

Schönen guten Tag, hier ist Isolde. Ich mache gerade einen Abendkurs im taiwanesischen Damenschlammcatchen und komme erst spät nach Hause. Willst du mein Sparringspartner werden? Dann her mit Namen und Telefonnummer, ich rufe bestimmt zurück!!!

Guten Tag, hier spricht Rebeccas persönlicher Roboter. Ich kann zwar keine Hemden bügeln, auch in der Küche hapert's noch ein bisschen, aber sonst kann sie sich über mich nicht beklagen! Ich bin sogar imstande, ihr eine Nachricht von euch zu hinterlassen, aber natürlich erst nach dem Signalton ...

Guten Tag, hier ist Mechthild. Ich bin gerade bei meiner Mutter, die mir beibringt, wie man Rühreier zubereitet und sich einen Zopf flechtet. Wenn ich das kann, bin ich bereit für dich. Einmal muss es ja klappen. Also, her mit deinem Namen und deiner Nummer ...

Hier spricht der einzige Freund von Agnes, der ihr nicht widerspricht. Also, seid klug, Leute, und hinterlasst nur dann Name und Telefonnummer, wenn ihr sie zum Essen einladen wollt. Klar?

Hallo, hier spricht Jutta. Wer nicht geahnt hat, dass ich nicht da bin, besitzt zu wenig seherische Fähigkeiten und ist für mich eigentlich uninteressant. Wer's unbedingt wissen will, hinterlässt Namen und Telefonnummer nach dem Signalton, ich wähle dann aus ...

Hallo, hier ist Judith. Da ich von Männern endgültig die Schnauze voll habe, hoffe ich, dass sich endlich mal meine beste Freundin wieder meldet, von der ich schon ewig nichts mehr gehört habe. Falls sie's wieder nicht ist – lasst mich doch alle zufrieden! Für ein paar nette Worte nach dem Piepser allerdings habe ich immer ein offenes Ohr ...

Hier ist Norma, dein schlimmster Albtraum. Wenn du ein Mann bist, verstehe ich nicht, warum du anrufst. Wenn meine beste Freundin Anja dran ist: Ich rufe dich zurück, wenn ich vom Fahradputzen im Keller wieder hochkomme.

Männer, jetzt seid ihr dran! Wer sich von der holden Weiblichkeit bislang etwas vernachlässigt fühlt und dies unmissverständlich ändern möchte, der suche sich aus unserem Ideenfundus doch einfach den richtigen Spruch raus ...

Hallo, hier ist Horst. Tut mir Leid, dass ich euch enttäuschen muss, Mädels, aber ich bin halt gerade nicht zu Hause. Aber nicht den Mut verlieren, wenn ich euren Namen und die dazugehörende Telefonnummer habe, rufe ich euch bestimmt zurück. Wenn's ein Mann ist – danke, mir geht es gut!

Guten Tag, hier ist normalerweise Peter. Bitte bitte nicht auflegen, es ist noch nichts verloren. Ich bin zwar momentan nicht zu Hause, aber jederzeit bereit, zurückzurufen, wenn sich ein schönes Mädchen bei mir meldet. Aber bitte unbedingt beachten: Name und Telefonnummer nicht vergessen!

Hallo, ich bin's. Wie schön wäre es, wenn ich nach dem lieblichen Signalton die elfengleiche Stimme meiner Traumfrau hören würde. Aber bestimmt traut sich wieder keine. Oder?

Hallo, hier spricht Tom. Zu dumm, dass möglicherweise die schönste Frau des Universums gerade verzweifelt versucht, mich anzurufen. Aber wo immer ich auch bin – wenn ich nach Hause komme, rufe ich sofort zurück. Bitte verrate mir nach dem berühmten Piepsen deinen Namen und alles, was so dazugehört ...

Hallo, hier ist Gunther. Wer gleich auflegt, verpasst die Riesenchance zu einem romantischen Abendessen zu zweit. Also, verrate mir deinen Namen und deine Telefonnummer, und du wirst was geboten bekommen. Wenn's ein Mann ist: Vergiss es!

Keine Panik, keine Panik, Frauen dieser Welt. Ihr wolltet Herbert sprechen, und der ist nicht da. Aber es gibt ja Gott sei Dank die Technik, der ihr ruhig Namen und Telefonnummer anvertrauen könnt. So werden sich unsere Wege sicherlich bald kreuzen ...

So ein Pech! Harald ist gerade unter der Trockenhaube, um der Welt in all seiner Schönheit entgegenzutreten. Da er momentan nichts hört, müsst ihr warten, bis seine Föhnwelle in ihrer ganzen Pracht zum Vorschein kommt. Dann ruft er zurück, und ihr könnt euch von dem überzeugen, was ihr bisher verpasst habt ...

Grüß Gott, hier ist Richard. Mein Löwenherz pocht einsam in meiner Brust, und da in der Bibel steht „Liebe deinen Nächsten", solltest du dich besinnen und mir schnellstens deinen Namen und deine Telefonnummer verraten, damit wir keine Zeit verschwenden. Aber erst nach dem Piepser!

Hier ist der Anschluss von Paul Dosentreiber. Momentan mache ich im Stadtwald Jagd auf Brombeeren. Dies soll jedoch niemanden davon abschrecken, eine Nachfrage bezüglich meiner Freizeitgestaltung zu starten. Speziell weibliche Anfragen werden natürlich bevorzugt behandelt.

Hallo, ihr wolltet mich sprechen? Ich bin zwar gerade mal kurz aus dem Haus, es wäre jedoch schade, wenn ich was verpassen würde. Mit dem Namen und der Telefonnummer auf dem Band kann aber nichts passieren. Nach dem altbekannten Piepston kann's nach Herzenslust losgehen ...

Es soll ja wirklich männliche Singles geben, die mit ihrer momentanen Situation zufrieden sind – schön für euch. Damit ihr sichergehen könnt, dass dies auch so bleibt, präsentieren wir auch hier Sprüche mit Erfolgsgarantie – allerdings ohne Gewähr!

Ja, hallo erstmal. Hier ist Dieter, der wahrscheinlich seinen täglichen Schönheitsschlaf tätigt, wenn er nicht gerade arbeitet. Wer mir nach dem Signalton Namen und Telefonnummer verrät, den rufe ich in einem meiner wachen Momente bestimmt zurück!

Guten Tag, hier ist Manfred. Ich verbringe gerade wunderschöne Stunden mit meiner neuen Freundin, die auch noch ziemlich reiche Eltern hat. Wer meint, mich immer noch sprechen zu wollen oder zu müssen, den rufe ich natürlich gerne zurück.

Hallöchen, hier ist Thomas, der sich gestern dazu entschlossen hat, doch noch seine Doktorarbeit zu schreiben. Da ich deswegen für nichts anderes mehr Zeit habe, müsst ihr mit meinem technischen Sekretär vorlieb nehmen. Vielleicht rufe ich ja auch mal zurück, wenn ich eine Pause mache.

Grüß Gott, hier ist der Norbert. Ich befinde mich gerade auf einer Weltumsegelung und bin somit leider nicht erreichbar. Aber vielleicht komme ich vorzeitig nach Hause, um euch zurückzurufen. Also hinterlasst vorsichtshalber mal euren Namen und Telefonnummer, man weiß ja nie ...

Hallo, hier ist der Franzl. Also, der Dienstag ist der einzige Wochentag, an dem ich noch frei wäre, denn montags ist Babsi dran, mittwochs die Gunda, donnerstags Petra, freitags immer Michaela, und am Wochenende muss ich meinen Eltern auf dem Bauernhof helfen. Termine, Termine. Nach dem Piep ist genug Platz für Namen etc.

Grüß Gott, hier ist Christian. Ich bin gerade von marokkanischen Freiheitskämpfern entführt worden, die mich nur gegen Lösegeld freilassen wollen. Solltet ihr was auf der hohen Kante haben, nennt Namen und Kontonummer, wir melden uns dann ...

Hallo, hier ist Manfred. Jahrelang hattet ihr die Chance, Mädels, aber nun ist es zu spät. Gerade führe ich ein Mädchen aus, das all meine Wünsche zu erfüllen bereit ist. Ob ich jemals zurückrufen werde?

Hallo, hier ist Horst. Ich bin im Moment nicht in der Laune, zu telefonieren, weil ich gestern beim Einparken einen Kratzer in mein neues Auto gefahren habe. Wer meint, mich trösten zu können, kann mir ein paar nette Sprüche auf Band hinterlassen. Die besten werden mit einem Rückruf von mir prämiiert.

Also, da hängt man den ganzen Tag geschäftlich am Telefon, und nicht mal abends hat man seine Ruhe vor dem Ding! Wahrscheinlich bin ich bereits vor dem Fernseher eingeschlafen und höre sowieso nichts mehr. Aber macht euch nichts daraus, morgen könnt ihr's ja noch mal probieren.

Sprüche für Pärchen

Endlich hat man sich gefunden und versucht, mittels Eheschließung auf Nummer sicher zu gehen. Da das nicht heißt, dass man auch gleich zum Stubenhocker mutiert, sind ein paar tröstende Worte für die Lieben notwendig, die vergeblich versuchen, einen telefonisch zu erreichen. Mit unseren Sprüchen verlieren Sie den Anschluss bestimmt nicht ...

Grüß Gott, hier spricht das frisch gebackene Ehepaar Klausnitzer. Da wir das Eheleben noch ein bisschen üben müssen und dabei nicht gestört werden wollen, sind wir zurzeit nicht erreichbar. Wir rufen aber gerne zurück und erzählen von unseren Fortschritten, wenn ihr Namen und Telefonnummer nach dem Signalton hinterlasst ...

Wer hätte das gedacht? Wir, die Müllers, sind mal wieder auf Achse. Da es aber daheim bekanntlich am schönsten ist, kehren wir bestimmt bald zurück und rufen euch an, wenn ihr uns euren Namen und eure Telefonnummer verratet. Also bis bald!

Hallo, hier sind die Brezlmeiers. Wir sind gerade im Wald und sammeln Holz, damit Gerhard für unseren Nachwuchs eine schöne Krippe basteln kann. Wer uns Namen und Telefonnummer verrät, dem erzählen wir gerne die Einzelheiten. Schön auf den Piepser warten!

Hier ist Familie Schenklinger. Auch wenn wir verheiratet sind, gehen wir gerne mal aus. Wahrscheinlich sind wir gerade bei unserem Lieblingsitaliener und schwelgen in Antipasti. Nach dem Signalton könnt ihr uns erzählen, was es heute bei euch gab.

Hallo. Statt dem langweiligen Tuuttuut bieten wir euch lieber eine freundliche Stimme, die euch sagt, dass Familie Baumgruber gerade mal wieder auf Tour ist. Wenn ihr uns Namen und Telefonnummer hinterlasst, rufen wir euch gerne zurück. Also, bis dann ...

Hallo, hier sind Helga und Walter. Da wir sozusagen noch Frischlinge in Sachen Eheleben sind, wären wir dankbar für kleine Tipps und Tricks aus dem Freundeskreis. Wenn der Signalton erklingt, könnt ihr loslegen.

Jaja, wir wissen natürlich, dass es auch eheähnliche Verhältnisse gibt, bei denen ein Stück Papier nicht so wichtig ist. Aber auch wem das genügt, braucht ab und zu eine „Entschuldigung", wenn man mit Abwesenheit glänzt.

Hallo, hier sind Inge und Klaus. Wir sind gerade am Testen, ob wir's wirklich zusammen aushalten können – natürlich findet der Test in der Kneipe statt. Ob wir uns heillos zerkracht haben, erzählen wir euch, wenn wir zurückrufen. Also, nach dem Piepser Namen und Telefonnummer verraten, und bis bald ...

Grüß Gott, wir sind's. Ich habe Helmut unter den Arm geklemmt und versuche, ihm den Stubenhocker auszutreiben. Schließlich wollen wir es ein paar Jährchen miteinander aushalten. Sprecht Namen und Nummer nach dem Signalton auf Band, wir rufen zurück.

Hallo, hier sind Sonja und Klaus. Da heute Abend wirklich nichts in der Glotze läuft, haben wir uns zu einer Kneipentour entschlossen. Wer die üblichen Plätze kennt, kann sich ja auf die Suche machen. Alle anderen dürfen gern nach dem Signalton ein paar nette Worte verlieren.

Hier ist das dynamische Duo Helga und Karl. Vor lauter Dynamik hielten wir's zu Hause nicht aus und treiben uns rum. Aber keine Angst, wenn wir wieder am heimischen Herd sind, rufen wir euch zurück. Also, legt los nach dem Piiiiiep!

Wer wagt es, uns zu stören? Keine Sekunde hat man Ruhe. Zur Strafe müsst ihr warten, bis wir wieder Zeit haben, um lästige Telefonate zu führen. Aber in eurem Fall machen wir gerne eine Ausnahme. Verratet uns Namen und Telefonnummer, und wir rufen liebend gerne zurück.

Hallo, hier sind Fiona und Kurt. Wir sind momentan bei meinen Eltern zum Essen. Wenn ihr uns auch mal einladen wollt, würden wir uns sehr freuen, denn die Wohnungseinrichtung hat einen Riesenbatzen Geld verschlungen. Wenn ihr immer noch unsere Freunde seid, dann nennt eure Namen und eure Telefonnummer. Besteck und Servietten können wir mitbringen.

Viele hindert die Zweisamkeit beileibe nicht daran, weiterhin ihrem Fitnessdrang nachzugeben – jetzt eben gemeinsam. Und auch darüber sollen die Anrufer nicht im Unklaren gelassen werden ...

Hallo, hier sind Petra und Tobias. Wer glaubt, uns bei einem so schönen Wetter zu Hause antreffen zu können, kennt uns noch nicht richtig. Petra hat sich ihre Reitstiefel geschnappt und ist hoch zu Ross unterwegs, und ich beglücke mal wieder meinen Tennisverein mit meiner Anwesenheit. Wenn wir uns heute Abend völlig erschöpft nach Hause geschleppt haben, rufen wir euch gerne zurück ...

Hallo, liebe Freunde. Nur weil Therese und Horst den ganzen Tag arbeiten, heißt das nicht, dass sie abends ausruhen müssen. Deshalb befinden sie sich auf dem Sportplatz, um ihre Knochen gar nicht erst müde werden zu lassen. Wer mal Lust hat, mitzumachen, ist herzlich eingeladen. Einfach Name und Telefonnummer nach dem Signalton auf Band hinterlassen ...

Hallo, ihr alle. Wir lassen das Telefon heute mal klingeln, so viel es will, und geben uns der Leibesertüchtigung hin. Das heißt, dass Klaus sich beim Billard den Körper stählt, während ich ein paar Runden auf unserem Sportplatz drehe. Also, wenn wir zurückrufen, wundert euch nicht, wenn wir außer Atem sind ...

Es ist doch zum Auswachsen! Sicher fragt ihr euch, wann wir eigentlich mal zu Hause sind. Aber zum daheim Versauern fühlen wir uns doch noch nicht ganz berufen. Wenn ihr mit uns am Wochenende mal so richtig auf den Putz hauen wollt, hinterlasst doch einfach Name und Rufnummer. Wenn wir nach unserer Heimkehr nicht zu ermattet sind, rufen wir flugs zurück.

Nur keine Hektik! Alle Turteltäubchen, die in ihrer neu oder inzwischen lieb gewonnenen Einsamkeit zu zweit nicht gestört werden wollen, mögen sich an unseren folgenden Vorschlägen laben und den für sie passenden auswählen ...

Hier sind Elvira und Harald. Wir haben uns tierisch aufs Wochenende gefreut und erholen uns von der Hektik des Alltags. Falls ihr nicht vorhabt, uns mit auf eine Weltumsegelung zu nehmen, rufen wir euch gerne zurück ...

Hallo, wir sind's. Leider hocken wir gerade vorm Fernseher und sehen uns dreimal „Marienhof" hintereinander an. Da wir diesen täglichen Ritus nicht lassen können, ist Telefonieren zurzeit nicht möglich. In der nächsten Werbepause ist die Chance allerdings recht groß, dass wir zurückrufen ...

Grüß Gott, hier sind Karin und Winfried. Da wir gerade mal zwei Monate zusammen sind, kann es sein, dass der Störenfried Telefon kurzzeitig unter Quarantäne gestellt wurde. Wenn wir wieder sprechbereit sind, rufen wir gerne zurück.

Hallo, hier sind Gunda und Ottfried. Sonntags haben wir hier telefonierfreie Zone und bereiten uns mental auf die kommende Woche vor. In Notfällen sind wir aber gerne bereit, zurückzurufen. Also, denkt euch was Gutes aus ...

Hallo, wir sind's. Wir gönnen uns gerade gegenseitig eine Fußreflexzonenmassage und denken an alles andere als ans Telefonieren. Wenn wir wieder auf dem Boden der Tatsachen gelandet sind, rufen wir euch zurück. Habt Geduld bis dahin ...

An alle Senioren! Zeigt euren Mitmenschen, dass ihr noch nicht zum alten Eisen gehört. Mit einem lockeren Spruch auf Band könnt ihr allen Zweiflern beweisen, was noch in euch steckt!

Guten Tag, hier sind die Riedingers. Wir haben uns dazu entschlossen, nicht einzurosten und schauen uns deshalb mal an, wie es außerhalb unserer vier Wände so aussieht. Wenn wir frisch gestärkt von unserem Rundgang heimkehren, rufen wir gerne alle zurück, die an uns gedacht haben. Dazu brauchen wir aber wie immer Namen und Telefonnummer nach dem Signalton ...

Grüß Gott, hier sind Erna und Wilfried Kastenberger. Wer glaubt, wir würden nur vor dem Fernseher hocken, hat sich getäuscht. Entweder sind wir im Kino, oder mein Wilfried hat mich mal wieder zum Tanzen überredet. Jedenfalls würden wir uns freuen, wenn nach dem Signalton eine nette Nachricht auf uns warten würde ...

Schönen guten Abend. Unser Senioren-Kochkreis „Fröhliche Pfanne" tagt heute Abend, mitsamt anschließendem nicht minder fröhlichen Beisammensein. Sagen Sie uns Ihren Namen und Telefonnummer. Wenn's nicht zu spät wird, rufen wir heute noch zurück ...

Guten Tag, hier ist Frau Junkersdorf. Mein Mann und ich sehen uns gerade die „Lustigen Musikanten" an. Da wir etwas schwerhörig sind, haben wir den Ton laut gestellt, sodass wir das Telefon wahrscheinlich nicht hören. Nennen Sie uns Namen und Ihre Telefonnummer, und danach sind wir für Sie ganz Ohr ...

Sprüche für Familien

Für manche hat das Wort des „Herrn im Hause" noch Gewicht. Also nichts wie ran, ihr Väter, und sagt uns, was eure Familie so alles treibt, wenn keiner zu Hause ist ...

Schönen guten Tag, hier spricht das Oberhaupt der Familie Geisenburger. Ich war gnädig und habe meinen Untertanen heute frei gegeben. Das heißt, dass niemand von meinen Lieben, geschweige denn ich, zu Hause ist und alle etwas Besseres vorhaben. Da wir aber die Neugier gemeinsam teilen, möchten wir Namen und Telefonnummern von allen Anrufern erfahren. Wenn's piepst, geht's los!

Hallo, hier ist Familie Knusperling. Wir sind zwar recht viele, aber momentan ist kein Einziger zu Hause. Ich weiß nur, dass ich mit meiner Frau essen gegangen bin. Die lieben Kinderchen machen sowieso schon lange, was sie wollen. Nennen Sie Ihren Namen und die Telefonnummer, und wenn Sie Glück haben, ruft jemand zurück ...

Hallo, hier spricht Eugen Hettler, der Sekretär meiner Familie. Im Augenblick ist hier kein Mensch, aber wichtige Verabredungen für meine Tochter oder den neuesten Klatsch aus der Nachbarschaft für meine Frau gebe ich gern weiter. Gleich kommt das Signal, und dann kann es losgehen ...

Hallo, hier ist Karl Knispel und Familie. Unsere Kinder sind mal wieder in der Stadt unterwegs, und meine Frau ist einkaufen gegangen. Ich genieße die himmlische Ruhe auf meiner Liege im Garten und bin wohl gerade eingenickt. Bitte nennen Sie Ihren Namen und Telefonnummer, aber bitte schön leise, damit ich nicht aufwache ...

Guten Tag, hier ist Familie Öttinger aus Köln. Meine Frau ist bei einer Freundin, Daniela und Christian sind natürlich mal wieder in der Disko, und ich gönne mir ein bisschen Entspannung mit Herrn van Beethoven im Kopfhörer. Also hört keiner unser Telefon. Wenn wir aber eine Nachricht nach dem Signalton erhalten, rufen wir gerne baldigst zurück.

Hallo, hier spricht Vater Horst. Meine Lieben und ich lassen das Haus heute allein. Wenn ihr uns sprechen wollt, dürft ihr nicht gleich auflegen, sondern müsst schön brav euren Namen mit Nummer aufs Band sprechen. Wir freuen uns schon darauf, euch zurückzurufen. Jetzt kommt der Piep!

Hier spricht König Olaf der Erste aus dem Geschlecht der Zettelburgers. Ich und mein Volk sind gerade auf Wallfahrt, um für uns alle eine reiche Ernte zu erbitten. Für Audienzen stehen wir zur Verfügung, wenn das heimatliche Schloss uns wieder hat. Bitte nennt uns untertänigst Namen und Telefonnummer, wir rufen gnädigst zurück …

Hier ist Gernot Hilfmeier und Anhang. Ich habe meiner Familie wegen guten Betragens Sonderurlaub gegeben und bin als Oberaufseher natürlich mitgefahren, damit ich alles im Griff habe. Heute Abend kehren wir wieder hoffentlich vollzählig zurück und widmen uns ganz unseren Anrufern …

Guten Tag, hier wohnt Familie Steinmann. Wir würden ja liebend gerne mit Ihnen persönlich sprechen, aber zurzeit ist tatsächlich alles ausgeflogen. Tanja macht Schulaufgaben bei einer Freundin, Florian ist beim Fußballspielen und meine Frau bei einer Selbsterfahrungsgruppe. Auch ich musste gerade selbst erfahren, dass meine Arbeitskollegen auf mich in der Kneipe an der Ecke warten. Also nennen Sie Namen und Telefonnummer, wenn alle wieder da sind, rufen wir gerne zurück …

Wir wissen ja längst, wer der wahre Chef im Hause ist – Mutter ist halt immer noch die Beste! Ohne sie läuft nichts, nicht mal der Anrufbeantworter!

Hallo, hier spricht Erika Haungs. Wir sind gerade alle nicht da, weil ich mir mit meinem Mann endlich mal ein romantisches Candlelightdinner im teuersten Schuppen der Stadt gönne und unsere beiden Töchter auch etwas Besseres vorhaben, als die „Hitparade der Volksmusik“ zu gucken. Der Erste, der nach Hause kommt, ruft aber bestimmt zurück!

Grüß Gott, hier ist Bettina Zwiesel. Bei uns führe ich das Regiment, und so habe ich uns alle zu einem Familienausflug verdonnert, der bis heute Abend andauern wird. Sollten nach dem Signalton liebe Freunde angerufen haben, will ich allen ausnahmsweise mal erlauben, zurückzurufen ...

Guten Tag, hier ist Elisabeth Schrickel. Ich nehme zurzeit Kurzurlaub von meinen beiden Jobs als Hausfrau und Mutter. Damit es mir nicht langweilig wird, habe ich meine Familie mit eingepackt. Nennen Sie Namen und Telefonnummer, und wir werden Sie frisch gestärkt zurückrufen ...

Guten Tag, hier ist Familie Drunkenhalm. Wir sitzen gerade alle in unserem Hobbykeller und spielen Trivial Pursuit. Wenn mein Mann und die Kinder sich von ihrer Niederlage erholt haben, rufen wir gerne zurück. Bitte hinterlassen Sie Namen und Telefonnummer nach dem berühmten Piepser.

Hallo, hier spricht Birgit Neukamp, Köchin, Putzfrau und Sekretärin der Familie. Leider habe ich aufgrund meines Fulltimejobs keine Zeit, ans Telefon zu gehen. Die anderen sind natürlich unterwegs. Wenn Sie Namen und so weiter hinterlassen, gebe ich den Wunsch nach einem Rückruf gerne weiter ...

Hallo, hier ist Sabine Merglinger, die Mutter der Kompanie. Wir sind gerade ausgerückt, um neue Waldwege in unserer Umgebung zu erobern. Zurück von unserem Feldzug werden wir alle Anrufer mit einem Rückruf beglücken. Also vergesst nicht, eure Namen und so weiter zu hinterlassen ...

Hier ist Brigitte Sonnenvogel. Mein Mann versucht gerade, für seine Lieben die notwendigen Brötchen zu verdienen, und ich bin mit den Kindern im Reitstall. Es ist nicht einfach, uns daheim zu erwischen, aber mit Geduld und dem Hinterlassen eures Namens und der Nummer kommt ihr sicherlich ans Ziel. Wir rufen gerne zurück ...

Guten Tag, hier ist Inge Walruthinger. Ich habe meine Familie übers Wochenende nach London geschickt. So können sie Urlaub von meiner Putz- und Aufräumwut machen und ich Ferien von meinen häuslichen Pflichten. Deshalb bin ich auch kaum hier, sondern pflege meinen erschöpften Körper in einer Schönheitsfarm. Nennen Sie Namen und Telefonnummer, und ich erzähle Ihnen, was Sie so alles verpassen ...

Guten Tag, hier ist Doris Schöngruber. Da die lieben Kleinen an diesem Wochenende ihren Großeltern auf die Nerven fallen, konnten mein Mann und ich endlich die lang geplante Reise nach St. Peter-Ording unternehmen, um herauszufinden, was Ruhe und Erholung eigentlich bedeuten. Wenn uns die Hektik des Alltags wieder eingeholt hat, rufen wir euch zurück.

Na klar, auch die Sprösslinge sollten mal zum Zuge kommen. Wenn Sie auf Überraschungseffekte bei Ihren Anrufern stehen, lassen Sie ruhig mal die Kleinen ran – Sympathie am anderen Ende der Leitung ist Ihnen fast immer gewiss!

Hallo, hier ist Tanja Bohnekamp. Mami und Papi sind spazieren gegangen, und ich darf heute bei meiner Freundin schlafen. Deshalb ist keiner da. Aber meine Mami hat versprochen, alle anzurufen, wenn sie zurückkommen. Aber sie hat gesagt, sie braucht eure Telefonnummer. Tschühüüüss!

Hier ist Markus Sprengel. Wir sind alle gar nicht da, weil wir fort sind und keiner zu Hause ist. Deswegen kann auch keiner mit euch sprechen, aber ihr könnt jetzt auf Band alles sagen, was ihr wollt, und meine Mama hat gesagt, dass sie euch dann anruft. Und jetzt piepst es gleich ganz komisch ...

Hallo, hier ist Tobias Wesselburger. Weil ich morgen früh Schule habe, musste ich schon ins Bett. Und meine Eltern sind bei unseren Nachbarn, Kartenspielen oder so. Ihr müsst jetzt euren Namen sagen, und dann ruft mein Papi euch zurück, hat er gesagt ...

Hallo, hier ist die Laura Kunze. Mami und Papi machen sich einen schönen Abend, und ich muss aufs Haus aufpassen. Aber ich bin schon im Bett, weil ich so müde war. Wenn es piepst, wissen meine Eltern, wer angerufen hat und rufen dann zurück. Tschüss!

Hallo, hier ist Daniel Segelmüller. Meine Eltern sind gerade im Garten und sprengen den Rasen, und ich bin noch zu klein zum Telefonieren. Aber meine Mama oder mein Papi rufen dich zurück, ganz bestimmt ...

Hallo, hier ist Tim Schreiber. Mama und Papa sind übers Wochenende irgendwohin gefahren, weil sie mal allein sein wollten, weiß auch nicht warum. Ich bin solange bei Tante Gretel zu Besuch, die kann ganz toll Himbeerpudding machen. Danach sind wir alle wieder daheim. Nach dem Pieps kannst du auch was sagen.

Auch andere Verwandte dürfen mal ein gewichtiges Wort mitreden, wenn sie erklären müssen, wo sich der Rest ihrer Familie herumtreibt. Das erwartet bestimmt keiner Ihrer Freunde, und vor Schreck kommen sie um eine Nachricht gar nicht herum ...

Hier ist Opa Koslowski. Diese jungen Leute von heute treiben sich mal wieder lieber rum, anstatt zu Hause zu bleiben, wo sie hingehören. Ich selbst muss „Aktenzeichen XY“ gucken, deshalb höre ich nichts. Sagen Sie Ihren Namen und Telefonnummer nach diesem Piepton, und es wird Sie schon irgendjemand zurückrufen!

Hallo, hier ist die liebe Oma Gerda. Ich habe meinen Lieben zu Weihnachten das Ding geschenkt, mit dem Sie gerade sprechen, und mein Sohn hat versprochen, zurückzurufen, wenn Sie Namen und Telefon nummer preisgeben. Aber wie das funktioniert, weiß ich auch nicht ...

Hallo, hier spricht der reiche Erbonkel von den Sedelmeyers. Meine Familie und ich sind gerade auf einer Kreuzfahrt durchs Mittelmeer. Wenn wir heimkommen und ich bin immer noch nicht pleite, dann rufen wir gerne zurück. Sie müssen aber schon Namen und Telefonnummer verraten ...

Guten Tag, hier spricht die berühmte böse Schwiegermutter. Damit Sie merken, dass ich gar nicht so schlimm bin, wie alle sagen, erlaube ich Ihnen, meinem Sohn und seiner Familie eine Nachricht auf Band zu hinterlassen. Die sind nämlich unterwegs und kommen erst heute Abend wieder heim. Na, das war doch jetzt echt nett von mir, oder?

Hallo, hier ist Tante Wilma von den Gebauers. Ich bin mit meinen Neffen in den Zoo gegangen, weil die Eltern verreist sind und ich den Jungs endlich mal zeigen wollte, dass der Mensch doch vom Affen abstammt. Über eine nette Nachricht beim Nachhausekommen würden wir uns tierisch freuen ...

Hallo, hier ist der reiche Erbonkel Harold aus Amerika, der hier zu Besuch war. Wenn ihr mich hört, bin ich zwar schon wieder „drüben“, aber Familie Kunzelsdorfer ist noch hier, nur gerade nicht zu Hause. Alle würden sich freuen, wenn sie nach dem Signalton ein paar nette Worte von Freunden hören würden. Best Greetings from USA!

Sprüche für WGs

Besonders diejenigen, die fleißig sind wie unsere Studenten, brauchen tagsüber einen Anrufbeantworter, denn wer am Ball bleiben will, darf sich eben keinen Termin durch die Lappen gehen lassen ...

Hey, Kommilitonen. Wie's sich gehört, sind wir gerade auf 'ner Demo, die sich für mehr Freizeit für uns Studenten einsetzt. Deshalb haben wir auch keine Zeit. Aber wenn wir unser Band abhören, sind wir für euch da. Ehrlich. Ihr müsst nur auf den Ton warten ...

Hallo, Leute. Das stressige Soziologiestudium erlaubt es uns leider nicht, zu Hause untätig rumzuhocken. Wir müssen auf die Straße, die Leute studieren. Das versteht ihr doch. Lasst Namen und Telefoniernummer hier, und wir rufen euch an.

Hallo, hier ist der zweitfleißigste Student des Jahres. Um nächstes Jahr auf den Thron zu kommen, muss ich meine Telefoniersucht auf ein Minimum beschränken. Deshalb sammle ich alle Anrufe und melde mich dann am Wochenende. Bitte, habt Mitleid mit mir! Sagt mir kurz Namen und alle eure Telefonnummern, dann klappt's auch am Samstag mit den Rückrufen.

Tach auch. Ihr wisst ja, dass die Uni unser zweites Zuhause ist, und da sind wir jetzt auch. Aber ein Handy würde hier einfach keinen guten Eindruck machen. So bleibt euch nichts anderes übrig, als euren Namen und Telefonnummer auf dem Band zu verewigen, damit wir euch heute Abend anrufen können. Nach dem Brummen geht's los ...

Hallo, Leute. Nur weil wir alle nicht zu Hause sind, heißt das noch lange nicht, dass wir nicht lernen. Wir nutzen nur einfach das geile Wetter aus und haben uns mit unseren Büchern in den Stadtpark verzogen, wo die Sonne uns bei der Stärkung unserer grauen Zellen hilft. Wenn wir erschöpft zurückkehren, rufen wir euch alle an!

Hallo. Wir sind zwar momentan alle nicht da, aber ihr habt jetzt die einmalige Gelegenheit, eurem Recht auf freie Meinungsäußerung nach Artikel 5 des Grundgesetzes freien Lauf zu lassen. Also, geigt uns mal so richtig die Meinung, aber erst nach dem Signalton. Ordnung muss schließlich sein!

Dass „Alter nicht vor Torheit" schützt, sollte mittlerweile bekannt sein. Anstatt alleine zu Hause zu hocken, ziehen es so manche Senioren vor, sich mit ein paar Gleichaltrigen eine schöne große Wohnung zu teilen – recht so! Aber daheim ist man dann trotzdem nicht immer …

Grüß Gott, hier ist die Senioren-WG „Graue Hoffnung". Wir sind alle im Grünen, damit unsere Knochen nicht noch mehr einrosten als ohnehin schon. Wer uns zum Tanztee einladen will, hinterlässt Namen und zugehörige Telefonnummer, und einer von uns jungen Hüpfern wird euch bald mit einem Rückruf beglücken.

Guten Tag. Von wegen „Die alten Leutchen sind bestimmt zu Hause"! Wir marschieren gerade durch Wald und Flur und gönnen uns und unseren Spazierstöcken ein bisschen frische Luft. Spätestens wenn es dunkel wird, sind wir wieder daheim und rufen alle zurück, die uns vermisst haben …

Guten Tag, hier ist die Senioren-WG von der Schneiderstraße. Wir sammeln gerade ein paar Waldbeeren, damit unsere Frauen daheim wieder ihre berühmte Marmelade einkochen können, von der jeder so begeistert ist. Wenn Sie auch ein Glas davon abhaben möchten, müssen Sie sich ranhalten. Schnell Namen und Telefonnummer aufs Band gesprochen, und schon rufen wir zurück.

Hallo, hier sind die Grauen Panther. Wir unterziehen uns gerade einer Verjüngungskur im örtlichen Thermalbad und werden wie verwandelt heimkehren. Wenn wir euch zurückrufen, werdet ihr euer blaues Wunder erleben. Nur Gedanken lesen können wir noch nicht, deshalb bitte Namen und Telefonnummer auf Band sprechen.

Ökofreaks und ein Anrufbeantworter? Sie meinen, das passt nicht? Nun, auch wenn das wahrscheinlich seltener vorkommt – wir sind auf alles vorbereitet ...

Hallo, Leute. Wir sind gerade auf dem Feld und versuchen, irgendetwas zu ernten, aus dem man Salat machen kann. Das kann etwas dauern, aber wir lassen uns von kleinen Schwierigkeiten ja bekanntlich nicht so leicht aus dem Konzept bringen. Also Geduld, Leute, sprecht euren Namen mit Telefonnummer schön aufs Band, und irgendwann rufen wir euch zurück.

Wer hätte das gedacht? Wir gönnen uns mal 'ne Pause von zu Hause und knallen uns gerade in unserer Lieblings-Vegetarierkneipe die Birne mit Gemüsesaft zu. Wenn wir danach vor lauter Vitaminen noch sprechen können, rufen wir dich echt gerne zurück. Nun sag hübsch dein Sprüchlein auf und wünsch' uns viel Spaß. Bis dann ...

Hey, Leute. Wegen des Klapperns meiner Stricknadel höre ich wahrscheinlich das Telefon nicht. Wenn's dir nichts ausmacht, verrat mir deinen Namen und die Telefonnummer und ich rufe zurück.

Grüß Gott, ihr Grufties. Wir stricken uns gerade gegenseitig großmaschige Winterpullover und sind so konzentriert bei der Arbeit, dass wir doch glatt das Telefon nicht hören. Während unserer Teepause rufen wir gern zurück, wenn ihr eure Namen samt dazugehörigen Telefonnummern nicht vergessen habt. Es kann sich also nur um Stunden handeln ...

Hallo, wer auch immer das ist. Wir veranstalten gerade ein gemeinsames Bananenmilch-Trinken in unserer Gemeinschaftsküche und erzählen von unseren Erfahrungen beim Schälen der Gelbfrüchte. Wer will da schon ernsthaft stören? Erzählt uns einfach, wie ihr heißt und welche Nummer zu euch gehört, und wir rufen zurück, wenn wir wieder mal so richtig geläutert sind ...

Hallo Leute. Anstatt mit eurem sprechenden Knochen rumzuhantieren, solltet ihr euch lieber aufs Fahrrad schwingen und uns beim Kräutergarten-Umpflanzen helfen. Dann wären wir früher fertig und könnten uns einem Festschmaus hingeben. Heute gibt's Soja-Brätlinge im Tofu-Mantel. Ist das ein Angebot? Aber wenn euch das nicht liegt, sprecht halt was aufs Band.

Wer reine Frauen-WGs in ihrer Abwesenheit stört, sollte so ziemlich auf alles gefasst sein:

Hier ist der Anschluss von Corinna, Bärbel, Beate, Tanja, Karin, Petra, Clementine, Samantha und Doris. Wir sind zurzeit wirklich nicht in Telefonier-Stimmung, da momentan jede auf der Suche nach sich selbst in ihrem Zimmer hockt. Bis wir wieder sprechbereit sind, gibst du uns einfach deine Daten durch, und dann wird sich schon eine deiner erbarmen. Nur Geduld!

Pech gehabt, ihr da draußen. Unser Weiberverein ist mal wieder auf Betriebsausflug. Klar haben wir unsere Säcke dabei. Rucksäcke. Und wenn ihr brav eure Namen und Telefonnummern aufsagt, könnt ihr euch vielleicht sogar auf den einen oder anderen Rückruf gefasst machen. Na, ist das was?

Hallo Jungs. Ihr habt doch tatsächlich 'ne Nummer gewählt, bei der ihr nur Weiber antrefft. War das etwa Absicht? Nur schade, dass momentan keine Einzige von uns da ist. Wenn du aber deinen Namen und alles, was noch so interessant an dir ist, verrätst, sind wir willens, dich zu erhören. Aber erst kommt der kleine Piepmatz ...

So viele Frauen auf einem Haufen und keine ist da. Da wir alle froh sind, dass wir Mädchen sind, feiern wir dies gerade gebührend. Aber keine Angst, wir beißen nur ganz selten. Also her mit deiner Telefonnummer, wir rufen dich zurück, wenn wir wieder daheim am Herd stehen ...

Hallo, wir sind's, die Mädels von der Gartenstraße. Jedes Mal, wenn der Anrufbeantworter blinkt, wetten wir, welche von uns wohl die meisten Verehrer hat. Meistens sahnt Claudia ab. Bist du etwa auch einer von denen?

Männer unter sich – das kann ja heiter werden! Damit's das auch wird, bieten wir hier Sprüche für Männer-WGs, bei denen der Anrufer eigentlich nicht anders kann, als nach dem Piepser was von sich zu geben:

Hallo, hier sind Jörg, Matthias, Gernot und Willi. Egal, wen ihr sprechen wollt – keiner ist da. Wir sind aber schon ganz heiß auf eure Neuigkeiten. Also sagt uns Namen und Telefonnummer, und wir melden uns bei euch. Wiedersehen!

Na, wer ruft denn da an, obwohl keiner da ist? Schade, aber unsere Männergruppe tagt zurzeit wahrscheinlich mal wieder am Tresen und da ist's zum Telefonieren einfach zu laut. Wenn ihr Namen und Telefonnummer hinterlasst, rufen wir euch am ruhigen heimischen Herd gerne zurück. Bis bald also ...

Hallo. Wenn's ein Mädchen ist: Jürgen hat heute Abend keine Zeit, der muss büffeln. Wenn's der Chef ist: Harald kommt am Montag bestimmt wieder zur Arbeit. Wenn's Mutti ist: Ja, Mama, ich habe noch genug frische Wäsche im Schrank. Wenn das alles nicht zutrifft: Lasst Namen und so weiter da, wir rufen bestimmt zurück.

Also, wir haben uns jetzt dazu durchgerungen, auch so'n komisches Gerät zu erstehen, wo man seinen Spruch ablassen kann, wenn keiner da ist. Also bitte, bedient euch! Aber wir rufen nur zurück, wenn wir echt gehaltvolle Äußerungen zu hören kriegen, nicht nur so „wie geht's" oder so!

Hallo Mädels. Kein Gedränge, es sind genug für alle da. Nur ist leider gerade keiner zu Hause. Aber wie heißt es doch gleich? Zurück kommen sie alle. Und wenn ihr euren Namen und Telefonnummer nicht für euch behaltet, ruft Karl oder Herbert oder Andreas oder Jürgen oder Heinz todsicher zurück.

Knut, Thomas und Harry gingen in den Wald. Und wenn uns die böse Hexe nicht einkassiert hat, sind wir bald wieder zu Hause und kümmern uns um Rückrufe. Wie immer Namen und Telefonnummer nicht vergessen!

Hallo, hier sind wir, aber leider gerade nicht da. Harry putzt im Keller seine Schuhe, Knut trägt Zeitungen aus, auf dass wir künftig in Kohle schwimmen, und ich versuche, meine verflixte Karre wieder flott zu kriegen. Ihr seht also, wir sind alle vollauf beschäftigt. Trotzdem rufen wir gern zurück, wenn ihr uns euren Namen und die Telefonnummer gebt. Bis dann.

Haben wir's uns doch gedacht – nun sind wir einmal nicht zu Hause, und schon gibt's Telefonterror von der holden Weiblichkeit. Wenn ihr unseren Rat hören wollt: Haltet mit euren Namen bloß nicht hinterm Berg. Und die eine oder andere Telefonnummer wäre auch ungemein hilfreich!

Sprüche für die „Cool Generation“

Von Beruf Sohn oder Tochter zu sein, ist für viele zwar peinlich, aber eigentlich nicht wirklich unangenehm. Schließlich kann man ja selbst nichts dafür, wenn die Eltern nicht gerade jeden Pfennig rumdrehen müssen. Wer Lust hat, das so richtig raushängen zu lassen, dem kann hier geholfen werden ...

Hallo, hier ist der Tobias. Mein Vater hat mich gerade abgeholt, um mit mir einen Rundflug über Köln zu machen. Wenn ich zurück bin, widme ich mich gerne meinen Freunden. Verheimlicht mir aber nicht eure Namen und die dazugehörenden Telefonnummern, die ihr nach dem Signalton durchgeben könnt.

Hallo, hier ist Dorian. Wie gerne würde ich mit euch plaudern, aber leider macht unser Gärtner gerade einen Ölwechsel an meinem BMW, und das muss ich überwachen. Nennt mir euren Namen und so weiter, und ich werde sehen, ob ich Zeit finde, euch zurückzurufen. Tschaui, bis dahann!

Hallo, hier spricht Katja. Ich muss euch leider enttäuschen, aber wenn es Mittwoch ist, bin ich gerade beim Geigenunterricht. Ansonsten kümmere ich mich um mein Pony, das mir meine Eltern zum Geburtstag geschenkt haben. Heute Abend bin ich wieder da und nehme mir vielleicht etwas Zeit, euch zurückzurufen.

Hallo, hier ist Markus. Ich habe gerade Ferien, und bis wir alle zusammen nach New York in Urlaub fliegen, ist mir so langweilig, dass ich noch nicht mal Lust zum Telefonieren habe. Labert mir doch einfach was Lustiges aufs Band. Über wen ich am meisten gelacht habe, den rufe ich heute Abend auch als Ersten an. Und alle anderen werden natürlich auch nicht vergessen, ist doch klar!

Hallo, hier ist Oliver. Ihr ruft gerade zu einem ungeeigneten Augenblick auf meiner Privatleitung an, weil meine Eltern zurzeit einen Empfang für den tasmanischen Botschafter geben und ich die Autos alle parken darf. Nennt mir eure Namen und eure Telefonnummern, ich rufe euch morgen zurück.

Schlüsselkinder, die mit vielen ihrer Probleme allein gelassen werden, gibt es leider auch. Aber Kopf hoch – hier kann der Anrufbeantworter helfen. Bei unseren Sprüchen legt man nicht einfach auf, sondern hinterlässt gerne ein paar nette Worte ...

Hallo, hier ist die Jessica. Meine Eltern sind auf einer längeren Reise, und ich bin gerade in der Schule. Ab heute Mittag um eins könnt ihr mich wieder erreichen, weil ich für meinen kleinen Bruder das Essen richten muss. Sprecht Namen und Telefonnummer aufs Band und ich rufe zurück.

Hallo, hier ist Tom. Meine Eltern sind in ihrem Laden und verkaufen den Leuten Sachen, damit sie nicht verhungern. Ich bin in der Schule und lerne, damit ich später nicht verhungere. Zum Mittagessen bin ich wieder da. Sie können eine Nachricht nach diesem Piepton hinterlassen, meine Eltern rufen heute Abend zurück.

Hallo, hier ist Florian Gunzelbacher. Ich bin zurzeit allein zu Hause, weil meine Mutter mit meinem Vater auf Geschäftsreise ist. Momentan bin ich gerade bei meinem Freund Tobias, der eine neue Autorennbahn hat. Wenn meine Eltern wieder zurück sind, rufen sie an – das soll ich zumindest ausrichten.

Computerkids müssen für ihre Kiste natürlich ganz Auge und Ohr sein. Wer wagt es da, mit einem Telefonanruf zu stören? Mit ein paar klärenden Worten kann man den Anrufer aber durchaus vertrösten …

Hallo Leute. Sitze gerade vor meiner Kiste und versuche, hinter das Geheimnis eines brandneuen Computerspiels zu kommen. Somit bin ich fürs Telefon leider unabkömmlich. Wenn ihr Bock habt, nennt mir euren Namen mit Telefonnummer, ich ruf euch morgen früh vor dem Frühstück zurück.

Hey, Freunde. Schön, dass ihr mit mir Fußballspielen wollt. Aber ich sitze gerade vor meinem Rechner und versuche mich im Programmieren, was nicht so einfach ist. Aber ich muss einfach am Ball bleiben. Ich rufe euch gerne zurück, wenn mir das Ding nicht mehr so viele Rätsel aufgibt.

So ein Mist. Jetzt hat der Drache doch glatt wieder meinen Helden verschlungen. Ich glaube, mein Computer will mich auf die Probe stellen. Ich nehme die Herausforderung an und kann deshalb gerade nicht telefonieren. Wenn ich hinter die miesen Tricks dieses Kastens gekommen bin, rufe ich euch zurück. Großes Indianerehrenwort.

Hallo, ihr da draußen. Wenn ich endlich den Internet-Telefonanschluss im PC hätte, könntet ihr mich jetzt erreichen. So müsst ihr mit meinem Anrufbeantworter vorlieb nehmen, weil ich gerade mit der Lösung eines brisanten Problems beschäftigt bin: Ich muss verhindern, dass ich von eine Flotte Außerirdischer vernichtet werde. Gar nicht so einfach. Wenn ihr eine Idee habt, sprecht sie mir auf Band.

Sprüche für Workaholics

So jung und schon so beschäftigt! Yuppies aller Länder, vereinigt euch und erzählt euren Anrufern, warum ihr gerade jetzt unmöglich erreicht werden könnt. Als hätte man nichts anderes zu tun ...

Hallo, hier ist Frank Leutkirch. Sie haben doch wohl nicht ernsthaft geglaubt, dass Sie mich persönlich erreichen? Ich muss mich um die Zweigstelle unseres Geschäfts kümmern, die mir mein Vater übergeben hat. Deshalb bin ich immer auf Achse. Wer mir seinen Namen und die Telefonnummer hinterlässt, unter der er zu erreichen ist, den rufe ich auch zurück. Bis dann ...

Hallo Freunde. Ihr habt es gut, ihr seid angestellt und wisst, wann ihr abends nach Hause kommt. Ich bin sozusagen immer im Dienst und muss meiner Kohle ständig hinterherrennen von Termin zu Termin. Sollte ich mal ein bisschen Luft zum Atmen haben, rufe ich euch bestimmt zurück. Ganz ehrlich ...

Hallo, hier ist Horst Dettelstedt. Ich habe meiner Frau zurzeit das Handy geliehen und bin deshalb nur auf dem Umweg über den Anrufbeantworter zu erreichen. Wenn Sie nach dem Signalton eine Nachricht hinterlassen, gehen Sie sicher, dass mir nichts durch die Lappen geht. Ich rufe auf jeden Fall zurück.

Guten Tag, hier ist Walter Grünweide. Leider haben Sie mich knapp verpasst, da ich schnell noch einen Anzug in die Reinigung bringen musste. Bei Kundengesprächen machen Soßenflecken auf dem Revers einfach einen schlechten Eindruck. Da haben Sie sicher Verständnis, wenn Sie mit meinem kleinen elektronischen Freund vorlieb nehmen müssen ...

Hallo, hier ist Lothar. Ich kann euch nur raten, mich nicht mit geschäftlichem Zeug zu belabern, das ist ein Privatanschluss. So, nachdem das geklärt ist, lade ich euch herzlich zu einem Wettbewerb ein: Wer mir die besten Vorschläge zur Freizeitgestaltung unterbreitet, dem winkt ein sagenhafter erster Preis: ein sofortiger Rückruf meinerseits. Na, ist das denn kein Anreiz?

Hallo, hier ist Bernd. Ich bin vom 13. bis 25. diesen Monats auf einem Hypnose-Kongress in Chicago, um mich von meiner Sucht zum Geldverschwenden befreien zu lassen. Sollte ich mir den Rückflug noch leisten können, rufe ich euch baldmöglichst zurück.

Karrierefrauen haben wahrlich auch was Besseres zu tun, als darauf zu warten, bis jemand mal daran denkt, sie anzurufen. Die nachfolgenden Sprüche sind sicherlich bei der Klärung der Situation sehr hilfreich ...

Grüß Gott, hier spricht Daniela Hasenfratz. Seitdem ich meinen Haushalt meinem Freund überlassen habe, bin ich so gut wie gar nicht mehr zu erreichen. Da ich mich aber gerne mit meinem technischen Sekretär über Fernabfrage unterhalte, weiß ich immer recht schnell, wer was von mir will. Also nennen Sie Namen und Telefonnummer ...

Hallo, hier ist Elisabeth Müller. Falls Sie ein Lieferant sind: Ich kann Termine grundsätzlich nicht verschieben. Alle anderen rufe ich gerne zurück, wenn es mir die Zeit erlaubt. Bis dann!

Guten Tag, hier spricht Ortrud Nadelstreif. Sie können sich glücklich schätzen: Dass Sie die Gelegenheit haben, mir eine Nachricht zu hinterlassen, bedeutet, dass mein Band noch nicht voll ist. Was wollen Sie also mehr? Ach so, einen Rückruf natürlich. Den bekommen Sie, sobald ich etwas Luft zwischen den Terminen habe. Nur Geduld!

Hallo, hier ist Corinna Nagler. Damit die Geschäfte wie geschmiert laufen, ist es leider nötig, dass ich ab und zu unterwegs bin, um Unentschlossene von meinen Ideen zu überzeugen. Nun hoffe ich, dass ich auch euch davon überzeugen kann, mir eine nette Nachricht auf Band zu hinterlassen. Ihr müsst nur auf den Signalton warten, und schon kann's losgehen …

„Handy, nein danke" heißt es immer noch in weiten Kreisen der Bevölkerung. (Und selbst all jene, die ein Handy ihr Eigen nennen, können nicht ständig ans Telefon gehen. Für sie gibt's Sprüche in Kapitel 15.) Wer kein Mobiltelefon hat, wird sich zumindest einen Anrufbeantworter anschaffen, wenn er oft auf Achse ist. Schließlich möchte man ja wenigstens wissen, welchen Anruf man verpasst hat …

Guten Tag, hier spricht Helmut Prachtvogel. Ich bin zwar dauernd unterwegs, aber ehe ich mich mit einem Handy Marke „Wichtig" erwischen lasse, fließt noch viel Wasser den Rhein hinunter. Also nennen Sie mir lieber gleich Ihren Namen und Ihre Telefonnummer. Es gibt genug Telefonzellen und Telefonapparate mit Schnur, von denen aus ich Sie gerne zurückrufe.

Hallo, hier ist Norbert Grüner. Ich und ein Handy – also, sagt mal ehrlich! Viel schöner finde ich es, wenn ich abends auf meinem Anrufbeantworter eine nette Stimme höre, die mich zum Rückruf animiert. Dann kann ich es mir immer noch aussuchen. Also, denkt euch was Tolles aus …

Hallo, hier ist der Peter, und der ist schon wieder nicht da. Auch wenn ihr mir ewig in den Ohren liegt, dass ich mir ein Handy zulegen soll – es fruchtet nichts. Ihr müsst euch schon mit meinem bescheidenen altmodischen Anrufbeantworter zufrieden geben. Wer brav seinen Namen mit Telefonnummer aufsagt, kommt bald in den Genuss eines Rückrufs meinerseits. Ist doch viel spannender, oder?

Sprüche für Tier- und Naturfreunde

Ob Hund oder Katze – für viele unserer Mitmenschen sind diese Tiere das Wichtigste in ihrem Leben. Die Kommunikation via Telefon kann da schnell zweitrangig werden. Aber es gibt ja noch den Anrufbeantworter ...

Hallo, hier spricht Til Schneider. Wer mich kennt, weiß, dass ich viel lieber mit Harpo, meinem Rauhaardackel, spazieren gehe, als zu telefonieren. Aber sicherlich hat er nichts dagegen, wenn ich zurückrufe, sobald ich nach Hause komme. Wenn ich Namen und Telefonnummer erfahre, ist das auch kein Problem. Ach ja, und schönen Gruß von Harpo!

(Hundegebell). Das war mein Wauzi, der Ihnen sagen wollte, dass wir mal eben kurz Gassi gegangen sind. Aber er oder ich rufen Sie gerne zurück, wenn Sie aus Ihrem Namen und der Telefonnummer kein Geheimnis machen.

Hallo, hier ist Doris Schenkendorpp. Meine Katze hat mir leider verboten zu telefonieren, weil sie gerade lieber mit mir schmusen will. Ihr habt sicher dafür Verständnis und freut euch, wenn ich bald zurückrufe. Nur Geduld ...

Guten Tag, hier ist Trixi Wallenstein. Ich studiere gerade die Körpersprache meiner Katze. Das ist so faszinierend, dass ich im Moment nicht telefonieren kann. Und wenn ich ihr jetzt nicht gleich was zu fressen gebe, fährt sie die Krallen aus. Also rufe ich euch lieber später zurück, wenn ihr mir Namen und Telefonnummer verraten habt. Bis dann.

Hallo, Sie haben die Nummer meines Herrchens gewählt. Wenn Sie so eine Spürnase wie ich hätten, dann wüssten Sie, dass momentan niemand zu Hause ist. Aber nicht jeder kann mit so einem exzellenten Riechorgan ausgestattet sein wie ich. Machen Sie sich nichts daraus. Sagen Sie einfach Ihren Namen und die Telefonnummer und mein Herr und Meister wird sich baldmöglichst bei Ihnen melden.

Hallo, hier ist Sigrid. Was schnurrt mir meine Katze da ins Ohr? Mich hat jemand angerufen? Wer? Was, der schon wieder? Ja, da hast du Recht, Mieze. Aber ich kann ja trotzdem mal zurückrufen, wenn er mir seine Nummer dalässt. Einverstanden?

Hallo, hier ist Arnim Beutele. Vorhin sah mich mein Dobermann so seltsam von der Seite an, dass ich es vorzog, unverzüglich mit ihm Gassi zu gehen. Deshalb musste ich leider meinen Telefonhelfer aktivieren, dem Sie sagen können, wer Sie sind und wie ich Sie erreichen kann. Ich rufe zurück, sobald Harro mich wieder nach Hause entlässt ...

Hallo, hier ist Wilfried Knallinger. Wer sich beeilt, kann mich bis 17 Uhr auf dem Hundesportplatz treffen, wo ich meinem Hasso zeige, wie man elegant über ein Hindernis hüpft. Wer sich das alles sparen will, nennt Namen und Telefonnummer, Hasso und ich bellen dann sofort nach unserer Heimkehr zurück ...

Grüß Gott, hier ist Wilhelmine Traxl. Entweder ich bin gerade wirklich nicht da, oder meine Irische Wolfshündin Isidora hat sich mal wieder meine Wenigkeit als Spielkamerad rausgesucht. Seit sie herausgefunden hat, dass man mich prima umrempeln kann, ist das ihr Lieblingsspiel geworden. Wenn ich zwischendurch stehen darf, rufe ich zurück.

Hallo, hier ist Tanja Eisenrauch. Ich würde ja zu gerne mit euch telefonieren, aber Kater Carlo hat sich so unwiderstehlich um meinen Hals gelegt, dass ein Telefonhörer nur stören würde. Lasst mich noch eine Runde mit ihm schmusen, dann rufe ich euch sofort zurück.

In China ist der Vogel im Käfig ein Glücksbringer. Auch hierzulande gibt es viele, die das fröhliche Gezwitscher von gefiederten Gesellen nicht missen möchten. Da wird man manchmal ungern von Telefongesprächen gestört ...

Hallo, hier spricht Detlef. Mein Wellensittich Lothar ist mir gerade aus dem Käfig entwischt, und ich befinde mich momentan auf Großwildjagd durch den Dschungel meiner Wohnung. Sobald ich den Ausreißer wieder in seinem Stall habe, rufe ich zurück!

(Mit krächzender Stimme) Hier ist die tolle Lola, der Liebling meines Herrn und Meisters Georg. Ich warte hier auch schon stundenlang auf Futter, aber der Herr treibt sich aushäusig umher. Schließlich bin ich ja nur ein Papagei und habe nichts zu melden! Wenn er heimkommt, sage ich ihm, dass er zurückrufen soll. Aber erst, wenn ich satt bin!

Hallo. Ich helfe meinem Kanarienvogel gerade bei der Mauser, das heißt, ich sammle seine Federn auf, die er in der ganzen Wohnung verteilt hat. Wenn ich mit der Renovierung fertig bin, habe ich sicher genügend Zeit, zurückzurufen. Sagt noch schnell Namen und Telefonnummer nach dem Piepser, und alles wird gut.

Könnte ich fliegen wie mein Wellensittich Kiki, flöge ich zu dir. Könnte er sprechen so wie ich, würde er dir sagen, dass ich nicht zu Hause bin. Du müsstest ihm deine Nummer hinterlassen, und ich würde dich zurückrufen, wenn er sie mir verriete ...

Grüß Gott, hier ist Albrecht Spreudel. Hätte ich einen Adler, wie gerne würde ich mit ihm durch die Berge fliegen und mir die Welt von oben anschauen. Aber für meinen Kanarienvogel Gustav bin ich wohl etwas zu schwer. So bin ich halt zu Fuß unterwegs und bitte Sie, mir Ihren Namen und Ihre Telefonnummer zu hinterlassen, damit ich Sie zurückrufen kann.

Hallo, hier ist Gundolf. Ich versuche gerade, meinen Graupapagei Fridolin einzufangen, der die Gunst der Stunde genutzt hat, um aus seinem Käfig zu entfleuchen. Jetzt fliegt er in der Küche herum und wundert sich, warum ich nicht ans Telefon gehe. Bis alles wieder in Ordnung ist, muss ich euch bitten, meinem Anrufgerät euren Namen und so weiter zu flüstern, ich rufe zurück, sobald sich der Sturm gelegt hat.

Grüß Gott, hier spricht Doris. Wenn mein junges Kanarienvogelweibchen Agathe zu ihren ersten Flugversuchen startet, kann ich leider den Hörer nicht abnehmen. Aber früh übt sich, was mal ein großer Geier werden will. Wenn das Flugtraining beendet ist, rufe ich gleich zurück.

Wer's nicht so laut, dafür aber umso bunter liebt, stellt sich ein Aquarium ins Zimmer. Es soll ja sooo beruhigend sein, Fische zu beobachten. In diese meditative Ruhe platzt so manches Telefonat, das durch einen geschickten Anrufbeantworter-Spruch wirkungsvoll verkürzt werden kann:

Hallo, hier ist Bruno. Ich kann leider nicht persönlich mit Ihnen sprechen, da ich auf großer Tauchfahrt in meinem Aquarium bin und den Nachwuchs zählen muss. Wenn ich wieder trocken bin, rufe ich gerne zurück. Nennt mir einfach Namen und alles, was so dazugehört.

Guten Tag. Wussten Sie, wie beruhigend es sein kann, dem bunten Treiben in einem Aquarium zuzuschauen, und dass das Abnehmen eines Telefonhörers sehr störend wirkt? Also haben Sie Nachsicht mit mir, ich rufe in Kürze zurück.

Ach, wie gern wäre ich auch so ein buntes Fischlein wie das in meinem Aquarium. Den ganzen Tag im Wasser herumtollen und Futter gibt's auch noch umsonst. Aber dann könnte ich Sie ja gar nicht zurückrufen und mit Ihnen reden. Also lassen wir's lieber so, wie's ist. Blubbern Sie mir einfach Namen und Telefonnummer ins Ohr, und schon bald klingelt's bei Ihnen.

Blubb blubb. Blubb blubb blubb. Das war Aquarianisch und heißt: Ich besuche gerade meine kleinen bunten Freunde in meinem Aquarium. Bitte sprechen Sie Ihren Namen und so weiter auf Band, ich rufe umgehend zurück, wenn ich wieder Mensch geworden bin.

Für eine erfolgreiche Ernte muss ein Bauer ganz schön hart arbeiten – das heißt, dass er oft genug seinen gemütlichen Ohrensessel daheim gegen den Sitz seines Traktors eintauschen muss. Mit dem Anrufbeantworter ist es aber kein Problem, in Kontakt zu bleiben:

Hallo. Bauer Erwin ist gerade auf Feld, Wald und Wiese unterwegs und kümmert sich um die Ernte, damit ihr alle bald wieder was Gesundes zu mampfen auf den Teller bekommt. Wenn ihr mit ihm sprechen wollt, sage ich ihm gerne Bescheid. Ach, übrigens – ich bin die Kuh Elsa!

Grüß Gott, hier ist euer Bauer Anton. Gerade sind mir die Ziegen über den Zaun gesprungen, und bis ich die Ausreißer wieder in ihre Schranken gewiesen habe, dauert's noch ein wenig. Man ist ja auch nicht mehr der Jüngste, und mit gutem Zureden ist den Biestern nicht beizukommen. Wenn ich meine sportlichen Aktivitäten hinter mir habe, rufe ich umgehend zurück.

Hallo, hier ist Bauer Detlef. Ich bin gerade dabei, meinen störrischen Hühnern frische Frühstückseier zu entlocken. Wenn Sie Ihren Namen mit zugehöriger Telefonnummer nennen, bin ich gerne bereit, zurückzurufen, sobald die Nahrungsmittelversorgung gesichert ist.

Schönen guten Tag, hier spricht Bauer Wenzel. Da meine Kühe ganz schön blöd gucken würden , wenn ich im Stall plötzlich mit dem Handy aufkreuzen würde, stelle ich mir lieber heimlich einen Anrufbeantworter ins Haus, dem ihr ruhig euren Namen und Telefonnummer anvertrauen könnt. Ich rufe dann später zurück.

Hallo und guten Tag, hier ist Bauer Pöseldorf. Wenn ich nicht gerade mal wieder mit meinem Traktor im Schlamm stecken geblieben bin, nehme ich wohl eine Dusche. Oder ich bin im Stall und sage meinen Schützlingen gute Nacht. Jedenfalls kann ich jetzt nicht ans Telefon, aber Sie wissen ja, was Sie nach dem Piepton können ...

Sprüche für Sportler

Ob nun Fußballer oder Tennisspieler – auch als Freizeitsportler muss man fleißig trainieren und hat nicht dauernd Zeit zu telefonieren. Dafür haben Ihre Anrufer bestimmt Verständnis:

Guten Tag, hier ist normalerweise Marco Heinrich. Ich bin aber gerade beim Fußball-Training. Ohne Fleiß kein' Preis und ohne Übung werden wir ja nie Deutscher Meister. Wenn ich heimkomme, gehe ich unter die Dusche und rufe danach zurück. Auf geht's, eins, zwei, eins zwei ...

Hallo, hier ist Dieter. Unser Coach hat mich neulich zum neuen Mittelstürmer unserer Mannschaft gemacht und da muss ich jetzt eifrig trainieren. Wenn ihr euch schon mal in die Autogrammwunschliste eintragen wollt, bitte sehr. Nach dem Piepston könnt ihr dies gerne tun.

Wer den ehemaligen Tennisstars nachtrauert – z. B. Steffi Graf und Boris Becker – , tauscht nur zu gern den Telefonhörer mit dem Tennisschläger. Wer das nicht versteht, braucht auch keine Nachricht zu hinterlassen. Oder?

Hallo, hier ist Steffi Graf. Ich passe auf die Wohnung von Martina Köpelsburger auf, die im Moment gerade auf dem Tennisplatz für Wimbledon trainiert. Ich hab ja jetzt etwas mehr Zeit. Egal, jedenfalls nenne ich ihr gerne Namen und Telefonnummern von allen, die angerufen haben. Nach dem Signalton könnt ihr loslegen.

Hallo, hier ist Tobias Günzelsburger. Ich gebe gerade eine Trainerstunde für Andre Agassi auf unserem Tennisplatz, damit der Junge endlich mal wieder in Form kommt. Nach meiner üblichen Autogrammstunde stürze ich sofort nach Hause und bin gespannt, welch nette Nachrichten auf mich warten.

Wem der Tennisschläger zu groß ist, kann auch mit der Mini-Version, dem Tischtennis, fit bleiben – sagen Sie das ruhig Ihren Anrufern!

Hallo, hier spricht Stefan Rosenbauer. Anstatt den Telefonhörer in die Hand zu nehmen, zog ich es vor, zum Tischtennisschläger zu greifen und kleine weiße Bällchen über einen grünen Tisch zu jagen. Wenn ihr Nachsicht mit mir habt und bis heute Abend wartet, könnt ihr euch bestimmt auf einen Rückruf freuen.

Wer das Gefühl fliegen zu können, nicht missen möchte, kann sich mit Drachenfliegen über Wasser halten. Mit unserem Vorschlag können Sie das auch Ihren Anrufern plausibel machen ...

Hier ist Matthias Pratzke. Höchstwahrscheinlich befinde ich mich gerade in den Lüften über der Eifel und schwebe drachengleich dem Erdboden zu. Logisch, dass ich noch nicht mal für ein Handy die Hand frei habe. Wenn ich wieder zu Hause gelandet bin, rufe ich gerne zurück. Voraussetzung natürlich: Namen und Telefonnummer nach dem Signalton nicht vergessen!

Wer Golf spielt, hat zu allem Zeit und Muße – nur vielleicht nicht gerade zum Telefonieren. Mit unserem Spruchvorschlag können Sie sich bestimmt auf ein paar nette Nachrichten zu Hause freuen.

Guten Tag, hier ist Reinhard Olchowski. Wissen Sie, was mein Handikap ist? Dass ich viel lieber meine Sachen packe und auf den Golfplatz gehe, als zu Hause auf Anrufe zu warten. So müssen Sie sich leider vorübergehend mit meinem elektronischen Caddy begnügen. Sagen Sie ihm doch einfach, wer angerufen hat, und ich werde Sie nach meiner hoffentlich siegreichen Heimkehr sogleich zurückrufen.

Richtig hartgesottene Jogger sind bereits frühmorgens unterwegs. Wer selbst zur Hühner-Aufsteh-Stunde telefonisch nicht erreichbar ist, der lässt sich mit diesem Spruch vertreten.

(keuchende Stimme) ... Hallo, ... hier ist Günther, ... ich kann gerade ... leider nicht so viel reden, ... weil ich heute noch unbedingt ... mein Pensum erreichen muss! ... Noch eine Runde, ... dann ist's geschafft, ... und zu Hause rufe ich ... bestimmt zurück! ... Bis dann ...

Beim Rudern bekommt man unter anderem starke Oberarme. Die brauchen Sie aber auch, um den Telefonhörer während der zahlreichen Rückrufe zu Hause heben zu können ...

Ich greif ja schon in die Riemen, was das Zeug hält, um nach Hause zu kommen. Aber die Stromschnellen da vorne muss ich rasch noch meistern, dann habe ich das Gröbste hinter mir, eile zum Telefon und werde Sie umgehend zurückrufen, wenn Sie mir Ihre Nummer nicht verschwiegen haben. Aber dann trockne ich mich erst mal ab!

Beach-Volleyball spielt man meistens im Urlaub. Also nur die Ruhe, Ihre Anrufer gedulden sich bestimmt noch ein paar Tage, wenn Ihr Spruch zum Hinterlassen von Nachrichten ansporNT ...

Guten Tag, hier ist Bruno Kallwitz. Ich trainiere gerade am Strand von Las Palmas für die nächsten Olympischen Spiele. Wenn ich nach Hause zurückkehre, werden Sie stolz sein, mich zu kennen. Hinterlassen Sie aber bitte Namen und Telefonnummer, wenn Sie zu meinen treuesten Fans zählen wollen!

Unter Wasser lässt sich schlecht telefonieren. Wenn Sie nach Ihrem Schwimmtraining ein paar nette Freunde auf Band hören wollen, probieren Sie's doch einfach mal mit diesem Spruch:

Hallo, Freunde. Eure stadtbekannte Wasserratte hat wieder mal nichts Besseres zu tun, als für die nächste Weltmeisterschaft zu trainieren. Ihr findet mich sicher bis 19 Uhr im Hallenbad. Ansonsten rufe ich euch gerne zurück, wenn ich was Trockenes am Leibe hab. In diesem Fall bitte ich freundlichst um Namen und Telefonnummer.

Free Climbing ist eindeutig gefährlicher als Telefonieren. Aber wenn Sie zu Hause wieder auf den Boden der Tatsachen zurückgekehrt sind, dürfen Sie gespannt sein, wer alles an Sie gedacht hat ...

Hallo, Kinder, schön, dass ihr mich sprechen wollt. Ich hänge aber sozusagen gerade total in den Seilen und das ist auch gut so, denn sonst wäre ich ja völlig haltlos. Wenn ich fertig bin, stürze ich nicht etwa ab, sondern sogleich zum Telefon, um zu erfahren, wer mich vermisst. Bis bald also ...

Wer lieber Hanteln stemmt, als Anrufe entgegenzunehmen, sollte daheim einen Spruch auf seinem Anrufbeantworter parat haben, der einem Gewichtheber zur Ehre gereicht. Bitte schön:

Hallo, ihr Lieben. Wenn ich nicht da bin – und ich bin es ja tatsächlich nicht –, stemme ich bestimmt mal wieder idiotisch schwere Hanteln gen Himmel. Nach meiner Heimkehr hoffe ich, dass der Telefonhörer nicht zu gewichtig geworden ist und ich euch zurückrufen kann. Also, drückt mir heftigst die Daumen.

Treiben Sie Leichtathletik? Dann sind Sie wahrscheinlich so gut gebaut, dass Sie sich sowieso vor Anrufen nicht retten können. Sagen Sie Ihren Fans also, dass Sie sie zwar gerne zurückrufen – aber erst nach der Dusche ...

Hallo, hier spricht der zukünftige Zehnkampf-Olympiasieger für Arme. Ich drehe gerade mal wieder ein paar Runden auf dem Sportplatz, um mich fit zu halten. Wenn ich es noch auf meinen eigenen Füßen nach Hause schaffe, bin ich gerne bereit, das Telefonhörer-Stemmen als elfte Disziplin in mein Programm aufzunehmen. Fehlen nur noch Namen und Nummer der Anrufer, und es kann losgehen (Keuch!).

Schieben Sie ruhig Ihre ebensolche Kugel. Aber wenn Sie nach dem Kegeln gespannt sind, wer zu Hause auf Ihre Stimme hoffte, sollten Sie unseren Spruch benutzen:

Guten Tag, hier ist Helmut Kragler. Ich bin leider momentan nicht zu erreichen, weil ich meine Mitstreiter davon überzeugen muss, dass sie gegen mich im Abräumen keine Chance haben. Sind genug Kegel geflogen und ist die Arbeit getan, werde ich zu Hause alle Anrufer mit einem Rückruf erfreuen, die mir ihre Namen und Telefonnummern verraten haben.

Beim Schlittschuhlaufen rutscht man zwar gerne aus. Wenn Sie nach Hause geschliddert sind, sollten Sie aber schleunigst Ihren Anrufbeantworter abhören. Nach diesem Spruch sind Ihnen nämlich viele Nachrichten gewiss:

Hallo, hier ist Marlies. Die Höchstnote für den, der errät, was ich gerade mache – richtig, ich fliege mal wieder übers Eis. Da ich dabei nicht gleichzeitig zu Hause sein kann, müsst ihr geduldig warten, bis ich meine Schlittschuhe in die Ecke gestellt habe und euren Nachrichten lauschen kann. Sind die auch noch mit Namen und Telefonnummer versehen, kann ich sogar zurückrufen.

Sprüche für Berufsgruppen

Handwerk hat goldenen Boden. Die goldene Nachricht nach dem Signalton hören Sie aber nur, wenn Sie dem Anrufer glaubhaft versichern, dass Sie als Handwerker praktisch rund um die Uhr einsatzbereit sind. Und Sie werden sich vor Aufträgen nicht retten können:

Guten Tag, hier spricht Dietmar Sockelbruch. Momentan hämmere ich wahrscheinlich wieder mal in fremden Wohnungen herum und darf mich keines wohlverdienten Feierabends erfreuen. Sollten meine Finger bei meiner Heimkehr noch alle dran sein, bin ich gerne bereit, Sie zurückzurufen, falls Sie Name und Telefonnummer hinterlassen haben.

Grüß Gott, hier ist Installateur Friedrich. Auch bei Frau Nachbarin platzt mal ein Schlauch und an dem bin ich wohl gerade dran. Wenn ich zurück bin, rufe ich Sie an. Bitte nennen Sie Ihren Namen und Telefonnummer nach dem Signalton ...

Hallo, hier ist Elektromeister Schneider. Bei mir funktioniert sogar der Anrufbeantworter, also haben Sie die richtige Nummer gewählt, und ich kann Ihnen helfen. Leider bin ich so gefragt, dass Sie mich gerade nicht erwischt haben. Wenn Sie Geduld haben, rufe ich Sie baldmöglichst zurück. Hinterlassen Sie Ihre Nummer und teilen Sie mir mit, welches Ihrer Geräte den Geist aufgegeben hat. Auch Ihnen kann geholfen werden!

Hier spricht Maurermeister Anton Hämmerle. Ich bin gerade auf einer Weiterbildungsreise an der Chinesischen Mauer, komme aber jeden Abend nach Hause zurück, um zu sehen, ob das Haus noch steht. Wollen Sie von meinen Erfahrungen profitieren, so hinterlassen Sie bitte Ihren Namen und Telefonnummer, und wir machen einen Termin aus. Bis bald also ...

Guten Tag, hier spricht Heizungsbauer Wärmlich. Ja, ich weiß, der nächste Winter kommt bestimmt. Auch andere Leute haben Angst davor und so bin ich unterwegs im Auftrag von Wärme und Behaglichkeit. Wenn ich auch bei Ihnen Station machen soll, bevor der Weihnachtsmann frieren muss, dann nennen Sie mir Namen, Adresse und Telefonnummer – und schon eile ich herbei.

Grüß Gott, hier spricht Malermeister Pinselwurf. Ich finde auch, dass Ihre Wände mal wieder einer Auffrischung bedürfen. Leider übe ich momentan noch in einer anderen Wohnung, damit ich bei Ihnen meine ganzen Fähigkeiten einsetzen kann. Wenn Sie mir Namen und Telefonnummer hinterlassen, werde ich Sie so schnell wie möglich zurückrufen.

Guten Tag, hier spricht Schreinermeister Lauthals. Seien Sie froh, dass Sie mich nicht an meinem Arbeitsplatz erreichen, sonst würden Ihnen ganz schön die Ohren dröhnen. Dagegen ist der Signalton, nach dem Sie mir eine Nachricht hinterlassen können, geradezu wie Engelsgesang. Hören Sie doch mal ...

Grüß Gott, hier ist die Kfz-Werkstatt Teufel. Ich bin gerade damit beschäftigt, das Pleuellager eines Lamborghini auszuschleifen. Da meine Nerven deshalb bis zum Zerreißen gespannt sind, fühle ich mich außerstande, ans Telefon zu gehen. Seien Sie ein netter Mensch und nennen Sie Namen und Telefonnummer, ich rufe zurück, sobald meine Hände aufhören zu zittern.

Da sage noch einer, Beamte würden im Büro ihren Feierabend verschlafen! Zeigen Sie's all jenen Lästerzungen mit einem flotten Spruch, und sie werden sich bei Ihrem Rückruf wundern ...

Guten Tag, hier ist das elektronische Vorzimmer von Gerhard Driesbacher. Da ich um 16 Uhr Feierabend habe und exakt um 16.43 Uhr meine Wohnung betrete, bin ich durchaus imstande, Sie um zirka 16.53 Uhr zurückzurufen. Die genaue Zeit ist natürlich abhängig von der Länge Ihrer Telefonnummer, die Sie mir bitte sofort nach Ertönen des Signaltons mitteilen möchten. Bis dann also ...

Wie? Was? Ach so, Sie sind's! Sie haben mich gerade in einer kreativen Ruhephase aufgeschreckt. Leider muss ich mich jetzt erst sammeln, und da ich nicht zu Hause bin, wird das noch eine Weile dauern. Sollte ich Ihren Namen mitsamt Telefonnummer erfahren, rufe ich Sie zurück, sobald ich wieder vollständig anwesend bin.

Guten Tag, hier spricht Polizeimeister Grundguth. Ich bin im Moment noch im Dienst, weil mir die Ganoven auf der Straße keine Ruhe lassen. Nach erfolgreicher Verbrecherjagd und anschließendem Dienstschluss kehre ich heim und werde mich der Anrufer annehmen. Bitte vergessen Sie nicht, Namen und Telefonnummer zu nennen.

Guten Tag, hier spricht Josef Kirchler aus München. Nicht genug damit, dass ich mich im Finanzamt den ganzen Tag über mit Zahlen herumschlagen muss. Wenn ich nach Hause komme, werde ich auch dort noch mit Telefonnummern traktiert, die nach Rückrufen schreien. Aber was soll's – sagt halt euer Sprüchlein auf, und ihr werdet auch nach Feierabend von mir bedient. Aber nur, wenn's privat ist!

Auch Ärzte brauchen nicht unbedingt Standardsprüche auf ihrem Anrufbeantworter, um ihre Seriosität zu wahren. Mit unseren Vorschlägen bleiben Ihnen Ihre Patienten bestimmt gewogen:

Hier ist die Praxis von Dr. Neugruber. Mein Beruf schreibt mir vor, ab und zu auch außerhalb der eigenen vier Wände die Menschheit zu retten. So müssen Sie mit meiner aufgezeichneten Stimme vorlieb nehmen, die Sie aber gern persönlich zurückruft, sofern Sie Ihren Namen und Telefonnummer deutlich hörbar hinterlassen haben.

Hier ist die Familie von Dr. Eugen Sammelmann. Wir sind froh, unseren Papi und Ehemann mal ganz für uns zu haben und sind mit ihm in die Berge geflüchtet. Wagt es bloß nicht, uns zu folgen. Für Notfälle ist das Krankenhaus da, und ansonsten möchten wir gerne die wenige Zeit genießen, die wir zusammen haben. Privat sind Nachrichten nach dem Signalton herzlich willkommen.

Büroangestellte können sich, wenn sie unsere Sprüche benutzen, nicht nur auf den Feierabend zu Hause freuen, sondern auch auf ein paar nette Nachrichten nach dem Signalton ...

Hier ist die Stimme von Bertold Semmerling. Da mich mein Chef mit Arbeit überschüttet hat – natürlich nur, weil er denkt, dass ich der Einzige bin, der dieser Aufgabe gewachsen ist – verzögert sich meine Heimkehr um einige Minütchen. Sobald ich wieder am heimischen Herd angelangt bin, werde ich nicht zögern, Sie zurückzurufen.

Hier ist Bernhard Kronbichler. Momentan ist mein Kopf unter einem Berg von Arbeit vergraben. Bis die Suchmannschaften sich zu meinen Ohren vorgearbeitet haben, bitte ich um etwas Geduld und um Ihren Namen mit Telefonnummer. Nach den Bergungsarbeiten stehe ich wieder zur Verfügung!

Hier spricht Britta Wolkengruber. Solange ich im Büro die Sekretärin spiele, übernimmt das zu Hause mein kleiner Roboter. Der erzählt mir auch, wer alles angerufen hat, sofern ihm Namen und Telefonnummer übermittelt wurden. Und schon bald können Sie sich über einen Rückruf seiner Chefin freuen!

Guten Tag, hier spricht Adelheid Kupferstecher, die Frau mit den drei Berufen. Tagsüber Bürokraft, danach Haushälterin im eigenen Anwesen und hinterher Telefondame vom Dienst. Bezüglich Letzterem bitte ich Sie, mir Ihren Namen und Telefonnummer mitzuteilen, und ich bin voll für Sie da!

Hallo, hier ist Julian Schwammelmeier. Wenn ihr geglaubt habt, dass ich mich schon in meinem wohlverdienten Feierabend aalen kann, dann habt ihr euch ganz schön getäuscht. Kurz vor Schluss kommen bestimmt noch ganz wichtige Aufgaben auf mich zu, die nur ich erledigen kann und die mich daran hindern, persönlich zu euch zu sprechen. Drum habt Geduld, bis der unersetzbare Mitarbeiter den Heimweg antreten darf, um euch mit Rückrufen zu bombardieren.

Sprüche für völlig Abgehobene

Wenn Ihnen das alles nicht verrückt genug war – bitte schön, Sie haben es nicht anders gewollt. Sollten Sie die nachfolgenden Sprüche ernsthaft benutzen wollen, zeigen Sie auch den letzten Zweiflern in Ihrem Freundeskreis in aller Deutlichkeit, was mit Ihnen los ist. Vielleicht wollen Sie aber auch nur Verwirrung stiften – das dürfte Ihnen damit gelingen. Und auch hier gilt: Ihrem eigenen Einfallsreichtum sind keine Grenzen gesetzt. Am Ende fallen Ihnen sogar noch bessere Sprüche ein …

Hier ist das KGB-Büro Büttelborn. KGB steht für „Keine Gläubiger, bitte". Wer also Kohle von mir will, kann auf einen Rückruf lange warten. Wer mir hingegen freundlicherweise finanziell unter die Arme greifen möchte, den rufe ich liebend gerne zurück. Name, Telefonnummer und Liquidität vorausgesetzt ...

(Ein Frauenschrei aus dem Hintergrund) Hier ist das Schloss von Graf Dracula. Wer seinen Hals auch mit zwei schmucken Löchlein verzieren lassen möchte, ist herzlich eingeladen. Ich brauche Namen und Telefonnummer, und wir können einen Termin vereinbaren. Allerdings mache ich keine Hausbesuche, hahahahaaa ... (Teuflisches Lachen, das immer leiser wird)

Hier spricht Captain Kirk von Raumschiff Enterprise. Wir sind gerade unterwegs, neue Welten zu entdecken. Wenn wir wieder auf unserem Heimatplaneten sind, beame ich euch gerne einen Rückruf zu. Lasst euren Kommunikator eingeschaltet!

Ich schwebe in einem Nichts der Einsamkeit auf der Suche nach Glück und Zufriedenheit. Wenn du glaubst, mich da herunterholen zu können, hinterlasse bitte Namen und Telefonnummer und ich rufe im Vorbeischweben zurück ...

In des Abends spätem Tau gebettet liegt ein Röslein, zart und rot, auf das der Wand'rer keck sich bücket, so verlockend war ihr Ruf. Ist nicht die Stimm' aus dem Geräte ebenso verführerisch, dass man sich nicht kann halten – sprechen sollt' man einen Gruß. Wenn sich des Piepsens milder Ton erhebt, sollst du mir Namen und auch Herkunft nennen, auf dass mein Rückruf dich erreiche – jetzt und für die Ewigkeit ...

Patrick Krause ist nicht zu Hause (piep!).

So fürchtet denn, oh ihr Heerscharen der Verdammnis, meine Rache, solltet ihr auflegen, ohne euch akustisch gezeigt zu haben! Donnergroll und Drachenfeuer werden über euch kommen, und ihr werdet verfluchen den Tag, an dem ihr die technischen Errungenschaften des 20. Jahrhunderts derartig geschmäht habt. Dunkle Wolken werden sich über den Bergen erheben, und sie werden Unglück und Niedertracht bringen über euch und euer Tal. Und ihr werdet jammern: Hätten wir bloß was aufs Band gesprochen ...

So, das wär's. Genug der Sprüche für den herkömmlichen Anrufbeantworter. Vielleicht wurden Sie ja durch die Lektüre angeregt, selbst einen originellen Spruch zu kreieren. Ihre Freunde und Bekannte werden es Ihnen danken, und das ungehörige Auflegen nach dem Piepser wird bald der Vergangenheit angehören.

Mittlerweile benutzen immer mehr Menschen ein mobiles Telefon. Wer im mobilen Netz telefoniert, kann sich – wie im Festnetz der Telekom (siehe Seite 17) – ebenfalls eine Mailbox einrichten (siehe Seite 21). Das ist nichts anderes als ein Anrufbeantworter, für den es allerdings ein paar Besonderheiten zu beachten gilt.

Wie Sie Ihre Mailbox geschäftlich nutzen

Jederzeit erreichbar zu sein – das ist heute schon fast eine Selbstverständlichkeit. Gerade im Berufsleben, vor allem wenn Sie selbstständig sind. Allerdings: Gutes Benehmen ist gerade im Job immer wichtiger. Sie müssen genau wissen, wann Sie das Handy auszuschalten haben. Nämlich nicht nur in den so genannten Tabuzonen wie Kirche, Krankenhaus, Arztpraxis, Kino und Theater, Seminare und Vorträgen, sondern natürlich auch bei wichtigen Besprechungen, selbst bzw. gerade wenn diese beruflicher Art sind. Nichts ist lästiger als eine Konferenz oder ein Kundengespräch, das ständig vom Bimmeln eines Handys der Gesprächsteilnehmer unterbrochen wird. Abgesehen davon, dass Sie Ihrem Gesprächspartner dann bestimmt nicht das Gefühl vermitteln, Sie würden sich auf ihn und das gemeinsame Thema konzentrieren.

Also: Handy bei solchen Gelegenheiten besser ausschalten! Trotzdem verpassen Sie keinen Anruf! Denn Ihre Mailbox übernimmt in dieser Zeit Ihren Job und nimmt Anrufe für Sie entgegen. Damit der Anrufer aber sofort Bescheid weiß, sollten Sie den Ansagetext Ihrer Mailbox so gestalten, dass klar wird: Sie sind momentan aus wichtigen Gründen verhindert, das Gespräch entgegenzunehmen. Die Ansage beruflich genutzter Handys sollte immer kurz und prägnant sein. Ihre Kunden und Geschäftspartner oder Kollegen werden es Ihnen danken!

Beispiele:
Hallo, hier ist die Mailbox von Bernd Schmidt!
Geschäftliche Termine zwingen mich dazu, dass ich Ihren Anruf derzeit nicht persönlich entgegennehmen kann. Sprechen Sie mir Ihre Nachricht bitte auf die Mailbox, ich rufe Sie schnellstmöglich zurück. Vielen Dank!

Hier spricht Hans Müller!
Sie haben eine dringende Nachricht für mich? Dann sprechen Sie bitte jetzt auf die Mailbox. Ich werde Ihren Anruf schnellstmöglich abhören und mich anschließend sofort bei Ihnen melden. Vielen Dank für Ihren Anruf!

Guten Tag, hier ist Mark Bauer.
Ich bin gerade geschäftlich auf Reisen. Deshalb stehe ich Ihnen derzeit nicht persönlich zur Verfügung. In dringenden Fällen sprechen Sie mir bitte eine Nachricht auf meine Mailbox, ich rufe Sie schnellstmöglich zurück. Vielen Dank!

Termine, Termine, Termine! Sprechen Sie Ihr Anliegen deshalb auf die Mailbox von Horst Herd. Ich melde mich baldmöglichst bei Ihnen. Vielen Dank!

Hier ist die Mailbox von Birgit Berger.
Ich bin gerade in einem wichtigen Kundengespräch. Deshalb bitte ich Sie, mir Ihr Anliegen auf die Mailbox zu sprechen und sich ein wenig zu gedulden. Sobald es mir wieder möglich ist, rufe ich Sie zurück. Vielen Dank!

Hier ist die Mailbox von Manfred Maier.
Ein wichtiger und interessanter Vortrag fesselt mich so sehr, dass auf meinem Handy die Mailbox läuft. Hinterlassen Sie mir doch eine Nachricht, ich melde mich schnellstmöglich bei Ihnen. Vielen Dank!

Sie sprechen mit der Mailbox von Paula Paulsen – leider nicht mit mir persönlich. Sobald mein Termin beendet ist, nehme ich mir gerne für Sie ganz persönlich Zeit. Vielen Dank!

Private Mailbox – witzige Sprüche fürs Handy

Sie sind eine viel beschäftigte Person – auch in Ihrer Freizeit. Logisch, dass Sie da nicht jedem rund um die Uhr Ihr Ohr leihen können (oder wollen). Doch wozu hat Ihr Handy eine Mailbox! Freunde und Bekannte können hier ihre Nachrichten hinterlassen – und Sie rufen ganz nach Wunsch und Zeit zurück.

Aber bitte bedenken Sie: Zeit ist wertvoll und teuer – vor allem Handyzeit! Ein Anruf ins Mobilnetz ist immer noch wesentlich teurer als das Telefonieren im Festnetz. Deshalb sollten Ihre Ansagen für die Mailbox zwar witzig, jedoch auf keinen Fall unnötig lang sein. Kurz und knackig lautet die Devise. Entdecken Sie hier eine Fülle an Ansagetexten für Ihren elektronischen Butler auf dem Handy: das Passende für jede Gelegenheit!

Schöne Ferien!

Sie genießen gerade die schönsten Tage im Jahr – egal ob in der Sonne, beim Skifahren oder Bergsteigen. Natürlich wollen und können Sie da nicht ständig für jeden erreichbar sein. Während Sie sich entspannen und erholen, übernimmt Ihre Mailbox die Arbeit für Sie. Nach einem flotten Spruch – passend zu Ihrem Urlaub, hinterlassen Freunde, Bekannte und Familie bestimmt gerne eine Nachricht auf Ihrer Mailbox! Wählen Sie hier einfach den passenden Spruch aus!

Hier spricht Marc.
Mein Handy hat heute hitzefrei! Sprich mir deshalb doch schnell mal auf meine Mailbox. Danke!

Hallo, hier ist Lutz!
Der Watzmann ruft – und ich dich zurück, wenn du mir eine schöne Nachricht auf meiner Mailbox hinterlässt!

Hallo, hier ist Benjamin!
Tauche gerade durch Welle sieben! Wenn ich wieder auftauche, rufe ich dich an. Also, nicht vergessen, Nachricht, Namen und Telefonnummer hinterlassen!

Hallo, hier spricht Markus!
Spätestens in einer Stunde bin ich der Herr auf meiner Sandburg. Dann gebe ich dir die erste Audienz und rufe dich zurück! Hinterlasse mir also ein paar nette Worte.

Hier ist eure Anna!
Ich fliege gerade gen Süden! Und da ich Start und Landung nicht gefährden will, hat mein Handy jetzt mal Sendepause. Also, hinterlass mir eine Nachricht. Ich rufe zurück, wenn ich wieder festen Boden unter den Füßen habe.

Hallo, ich bin's, Verena!
Ich stehe gerade am Bahnhof und warte. Jetzt bist du am Zug – mit ein paar netten Worten für meine Mailbox!

Hi, hier ist Bernd!
Der Countdown läuft! Ich hebe gerade ab in die Lüfte und möchte nicht gleich wieder unsanft auf der Erde landen. Deshalb ist mein Handy derzeit nicht in Betrieb. Sprich mir doch ein paar geflügelte Worte auf meine Mailbox! Ich werde zurückrufen, sobald mich Mutter Erde wieder sicher entgegengenommen hat.

Hallo, hier spricht eure Maren!
Cuba libre, Kokosnüsse und Cha-Cha-Cha. Ich liege gerade an meinem Traumstrand und lausche dem Rauschen der karibischen Meeresbrandung. Du wirst verstehen, dass ich dir deshalb erst später lauschen kann. Sprich mir doch so lange ein paar Nettigkeiten aufs Band!

Hi Fans, hier ist Alex!
Ich sitze gerade beim Jagertee und flirte mit ein paar süßen Skihasen. Wenn ich wieder im Tal bin melde ich mich, oder auch nicht? Versuche mich doch mit ein paar netten Worten auf der Mailbox zu überzeugen!

Hallo, hier ist Tim!
Bei Ballermann & Co – auf Mallorca ist ganz schön was los! Deshalb muss ich mich erst mit ein paar Gläsern Sangria stärken, bevor ich dich zurückrufe!

Hi, hier spricht Uli! Ich habe gerade 'nen dicken Fisch an der Angel! Was für einen? Das verrate ich dir, wenn ich zurückrufe!

Hallo, hier ist Nicole!
Auf meiner Luftmatratze bin ich Kapitän! Ich rufe dich zurück, wenn mir die Luft ausgeht. Doch du solltest derweil tief Luft holen und mir ein paar schöne Grüße auf meiner Mailbox hinterlassen!

Hallo, hier ist Dirk!
Mach keine Wellen und sprich mir auf die Mailbox! Denn Stille habe ich hier am Pazifik wirklich genug!

Freizeit

Die freie Zeit außerhalb des Jobs ist vielen Menschen besonders wertvoll. Gerne möchte man vielleicht mal ungestört faulenzen, dem Hobby nachgehen oder einfach mal Ruhe und Muße haben. Wie hilfreich da doch die Einrichtung der Mailbox ist! Man verpasst keine wichtige Nachricht, muss aber nicht selbst mit Freunden oder Bekannten sprechen, wenn man gerade keine Lust oder Zeit dazu hat. Wer will schon mitten in einem Fallschirmsprung das Handy aus der Tasche ziehen und erfahren, dass Tante Gerda überraschend zu Besuch kommt? Also, rauf mit dem passenden Spruch auf die Mailbox – und schon genießen Sie einige ungestörte Stunden!

Hallo, hier ist euer Jens!
Ich bin gerade auf dem Sprung – im wahrsten Sinne des Wortes! Wenn sich mein Fallschirm öffnet, kann ich dich bald zurückrufen. Also, bete für mich und hinterlasse mir ein paar salbungsvolle Worte! Ich hoffe, ich melde mich bald.

Hallo, das ist die Stimme von Jürgen!
Ich jage gerade Moorhühner! Lande auch du einen Treffer auf meiner Mailbox!

Hallo, hier ist Sascha!
Ich grille gerade mit der ganzen Familie feinste Steaks und Bratwürste auf glühender Kohle. Hast du eine heiße Nachricht für mich, sprich mir doch bitte auf meine Mailbox. Wenn ich satt bin, melde ich mich!

Hallo, ich bin's, Michael!
Zwischen Loch Elf und Zwölf brauche ich größte Konzentration! Putte du deine Nachricht doch einfach so lange auf meine Mailbox! Wenn ich vom Golfplatz zurück bin, melde ich mich sofort ...

Hallo, hier ist Hanne!
Alle Neune! Das kostet mich mal wieder eine Runde. Gratulationen werden gerne entgegengenommen. Also, fang schon mal an!

Hier ist Vanessa, hallo!
Dreifacher Rittberger, doppelter Axel – Eislaufen macht einfach riesig Spaß. Und ich bin schon fast so gut wie Kati Witt! Ich hoffe, du führst mich mit deiner Nachricht nicht aufs Glatteis!

Hallo, hier ist Peter!
Ich schieße gerade einen Elfmeter und bin deshalb zur Zeit nicht zu sprechen. Ich hoffe, auch deine Nachricht ist ein Volltreffer!

Hier spricht Veronica!
Spannung pur! Ich muss wissen, ob der Gärtner der Mörder ist, bevor ich deinen Fall kläre ...

Hallo, hier ist Dennis!
Ich schaue gerade ganz gespannt meiner Lieblingsmannschaft beim Fußball zu. Dabei muss ich mich voll konzentrieren, um keine wichtige Szene zu verpassen. Mach du mir aber jetzt keine Szene, sondern sprich ganz lieb auf meine Mailbox.

Hi, hier spricht Steffen!
Bin mit meinem Kickboard unterwegs! Bei dem Fahrtwind ist Telefonieren einfach unmöglich. Hinterlasse mir deshalb doch bitte einen rasanten Gruß!

Hallo, ich bin's, Christina!
Ich schwitze gerade im Fitnessstudio. Bringe du mich nicht auch noch ins Schwitzen, wenn ich nicht weiß, wer mich angerufen hat. Also, hinterlasse mir Namen, Nummer und eine liebe Nachricht. Ich melde mich dann bei dir!

Hier ist, Manu, hallo ihr!
Ich bin fünf Kilometer gejoggt und völlig aus der Puste! Da reicht die Luft natürlich nicht mehr zum Sprechen. Deshalb solltest du mir jetzt eine Nachricht hinterlassen, ich melde mich dann später bei dir!

Hallo, hier spricht Jessica!
Die Achterbahn schleudert mich gerade durch den zweiten Looping. Deshalb habe ich mein Handy am Boden gelassen. Ich hoffe, auf meiner Mailbox geht's dann auch bald rund!

Hallo, hier ist die Mailbox von Jennifer!
Ich bin auf den Hund gekommen! Und der braucht gerade meine ganze Aufmerksamkeit. Sei so lieb, und sprich mir auf die Box!

Hallo, hier spricht Lydia!
147, 148, 149 ... Noch 50 Mal über das Seil springen, dann bin ich fit genug, dich zurück zu rufen! Spring, äh, sprich mir derweil doch auf meine Mailbox!

Hallo, hier ist Jan!
Noch 'ne Tüte Popcorn und dann genieße ich diesen Abend im Kino voll und ganz. Sorry! Aber du musst wohl mit meiner Mailbox vorlieb nehmen. Ich hoffe auf eine filmreife Aufnahme von dir! Nach dem Piepton. Action!

Hallo, ich bin's, Katharina!
Ich koche gerade mein Lieblingsgericht und möchte dabei natürlich nicht gestört werden! Wenn du mir allerdings keine Nachricht hinterlässt, koche ich vor Wut. Also, sprich mir doch ein paar Worte vom Feinsten auf meine komfortable Mailbox!

Hi, ich bin's, Volker!
18, 20, 2, weg ... Nein, nicht du! Während ich versuche, beim Skat zu gewinnen, spiele du deinen Trumpf aus und sprich mir eine Nachricht auf die Box!

Liebe

Herzklopfen, die erste Verabredung, der erste Kuss! Liebe kann so schön sein! Und gerade Frischverliebte möchten sich ihre Romantik nicht durch das nervige Bimmeln ihres Handys zerstören lassen. In schönen Stunden zu zweit tut deshalb die Mailbox beste Dienste. Also, den passenden Spruch auf die Box sprechen – dann klappt es auch mit der Nachbarin!

Hier ist Rolf, hallo!
Ich bin gerade mit meiner Liebsten beim Candlelightdinner. Diese romantische Stimmung würde dein Anruf nur stören. Aber einer netten Nachricht von dir widme ich mich gleich morgen. Also, nur keine Hemmungen!

Hier spricht Ute!
Ich bin im siebenten Himmel! Und nur du kannst mich wieder auf die Erde zurückholen – wenn du mir eine liebevolle Nachricht hinterlässt!

Hier ist Stefan!
Suche meine Traumfrau! Habe ich dich gefunden? Dann verrate mir deinen Namen und deine Nummer!

Hier ist die Mailbox von Klaus!
Liebe ist ... wenn du mir ein paar schöne Worte auf meiner Mailbox hinterlässt!

Hier spricht dein Fabian!
Amor spannt schon Pfeil und Bogen. Deine Worte treffen mich bestimmt ins Herz!

Küss mich, ich bin ein Prinz!
Oder vielleicht doch nur eine größenwahnsinnige Mailbox?! Und zwar die von Tom! Wenn du mich schon nicht küsst, sag mir wenigstens ein paar nette Worte!

Hier ist Holger!
Night fever, night fever ... Triff mich gleich in der Disco „Xanadu“ oder hinterlass mir eine Nachricht!

Hallo, hier spricht Michaela!
Du liebst mich, du liebst mich nicht, du liebst mich, du liebst mich nicht ... Ich habe schon eine ganze Wiese voller Gänseblümchen abgegrast. Dabei wäre es viel einfacher, du würdest mir die Antwort direkt geben. Gleich auf der Mailbox, oder am besten, wenn wir uns wiedersehen. Nenn mir Ort und Zeit, ich melde mich, sobald ich wieder zu Hause bin!

Bestimmte Anlässe

Ob Ostern, Weihnachten oder Geburtstag: Für jeden Feiertag, jedes Fest, jeden persönlichen Gedenktag gibt es einen passenden Spruch – auch für Ihre Mailbox! Also, gehen Sie mit der Zeit und passen Sie Ihre Ansage dem jeweiligen Anlass an. Dann sind Sie und Ihre Anrufer immer ganz up to date!

Hallo, hier ist Barbara!
Bin gerade im üblichen Weihnachtsstress beim Geschenke kaufen. Schenk du mir doch ein paar nette Worte auf meiner Mailbox!

Hallo, hier spricht Moni!
Bei mir steigt gerade eine riesige Geburtstagsfete! Alle Gratulanten also bitte auf der Mailbox ihre Glückwünsche verewigen!

Hier ist die Stimme von Andrea!
Falls du deine Weihnachtsgrüße in diesem Jahr per Handy versendest, musst du statt mit dem Weihnachtsmann persönlich mit meiner Mailbox vorlieb nehmen!

Hier spricht der elektronische Knecht Ruprecht des Weihnachtsmannes! Alle guten Wünsche bitte an mich weitergeben!

Hier ist Heidi!
Ich helfe gerade dem Christkind, Geschenke zu verteilen. Wenn du jetzt brav auf meine Mailbox sprichst, bekommst du vielleicht auch eines!

Hallo, ich bin's, Anke!
Mist! Die Ostereier sind wieder zu gut versteckt! Bis ich sie endlich gefunden habe, kannst du dich mit meiner Mailbox unterhalten!

Hier ist Heinz!
Herzlichen Glückwunsch! Du wirst in wenigen Sekunden deinen ersten guten Vorsatz im neuen Jahr verwirklichen und mir auf die Mailbox sprechen!

Hallo, hier spricht Dorothea!
Prost Neujahr! Zwischen Sekt, Küssen und Feuerwerk bestaunen bleibt mir leider keine Zeit, ans Handy zu gehen! Wenn du mir aber eine Nachricht hinterlässt, bis du ein echter Knaller!

Hallo, hier ist Gundula!
Bei mir läuten gerade die Hochzeitsglocken! Sag auch du „Ja“ – zu meiner Mailbox!

Von morgens bis abends

Der Tag hat 24 Stunden, und sicher wollen Sie nicht zu jeder Zeit telefonieren bzw. telefonisch erreichbar sein! Sogar die beste Freundin, der treueste Kumpel stört da manchmal. Ob morgens, mittags, abends – ein flotter Spruch tröstet Ihren Anrufer darüber hinweg, dass er nicht persönlich mit Ihnen sprechen kann!

Hier spricht Sabine!
Gääääähn! Du rufst mal wieder vor dem Aufstehen an. Gönn mir noch ein paar Mützen Schlaf und hinterlass mir deine Nachricht auf meiner Mailbox!

Ene, mene Miste, ich lieg noch in der Kiste – ene mene meck, es hat keinen Zweck. Ene, mene Maus, die Ansage ist jetzt aus!

Hallo, ich bin's, Susanne!
Ich bin schon mitten beim Schäfchenzählen! Unterbrich mich nicht, sonst verzähle ich mich noch und muss wieder von vorne anfangen! Hinterlass mir lieber eine Nachricht. Ich rufe dich dann morgen ausgeschlafen zurück!

Hallo, hier spricht Beate!
Der Kaffee ist fertig! Aber ich noch nicht! Du weißt, vor der ersten Tasse bin ich nicht ansprechbar. Deshalb sprichst du mich besser erst mal auf meiner Mailbox an!

Hier spricht Lars, hallo!
Ich habe heute früh in den Spiegel geschaut und will dieses Bild gerade zum Positiven verwandeln. Stör mich dabei nicht! Sprich mir lieber derweil auf die Mailbox!

Hallo, hier spricht Beatrix!
Ich stehe gerade unter der Dusche und kämpfe mit Shampoo und Co. Wenn ich nicht ausrutsche, melde ich mich gleich bei dir!

Hallo, hier ist Paul!
Es gibt ein Örtchen, da möchte ich gerne alleine sein. Nicht mal mein Handy darf mit! Also, hinterlass mir doch eine schöne Nachricht auf Band!

Hi, hier ist Jutta!
Ich sitze gerade beim Friseur unter der Trockenhaube. Da passt kein Handy mehr dazwischen! Ich rufe dich zurück, wenn die Frisur gelungen ist. Wenn nicht, dann auch!

So allerlei

Der Spruch auf Ihrer Mailbox muss sich nicht immer nach einer bestimmten Gelegenheit richten. Wer sich die Mühe ersparen möchte, die Ansage ständig zu ändern, sucht sich einfach ein paar flotte Sprüche aus und sichert sie auf der Mailbox!

Hallo, hier ist Daniela!
Jukebox, Infobox oder Mailbox? Richtig geraten, letzte Antwort! Dein Preis: 100 Freisilben. Sprich gleich jetzt!

Hallo, ich bin's, Roland!
Meine Mailbox ist wie eine gute Flasche Wein: je voller, desto besser!

Hier spricht Herbert!
Wilhelm Tell hat den Apfel abgeschossen. Du schießt dafür bestimmt den Vogel ab mit deiner Nachricht!

Dies ist der automatische Butler von Cora.
Bedien dich – jetzt!

Hallo, hier spricht Lena!
Worte sind wie Schall und Rauch. Dann lass es mal richtig krachen und brennen!

Hallo, hier ist Laura!
Buschtrommeln sind out, Mailboxen in! Also, geh endlich mit der Zeit und hinterlass mir eine Nachricht!

Hi, hier spricht Lutz!
Du hast keine Chance, mich persönlich zu sprechen. Also, nutz meine Mailbox!

Hallo, hier ist Andreas!
In meiner Kasse ist Ebbe! Deshalb muss ich gerade Geld verdienen. Ich erwarte von Dir aber eine Flut an Worten auf meiner Mailbox!

Hier ist Nils. Bin gerade nicht zu sprechen! Nobody is perfect!

Vorsicht, bissiger Hund!
Mit einer Nachricht auf der Mailbox wählst du den sicheren Weg!

Hier spricht Marvin!
Hokuspokus, Fidibus, dreimal schwarzer Kater! Zaubere mir doch ein paar witzige Worte auf meine Mailbox!

Hallo, hier ist Magdalena!
Ich bin mal wieder nicht persönlich zu sprechen. Strafe muss sein, also gib mir eine aufs Ohr! Am besten ’ne Nachricht!

Hallo, hier spricht Franz!
Achtung, Achtung! Diese Mailbox ist nicht abhörsicher! Deine Nachricht sollte deshalb wohl überlegt sein!

Hi, hier ist Olli!
Mit Speck fängt man Mäuse. Mit dieser Mailbox deine Stimme!

Hier spricht Lea!
Beim nächsten Ton ist es höchste Zeit, mir eine nette Nachricht zu hinterlassen!

Hallo, hier ist Guido!
Da ich gerade in einen Cheeseburger beiße, kann ich verständlicherweise nicht mit dir sprechen. Ich hoffe, es ist nicht alles Käse, was du mir jetzt erzählst!

Hallo, ich bin's, Rosi!
Bin gerade beim Haarefärben. Hast du da noch Töne? Dann verewige sie jetzt auf meiner Mailbox!

Fernsehen

Für die folgenden Sprüche haben verschiedene Fernsehsendungen die Anregungen gegeben. Achtung Fans: Vielleicht ist eure Lieblingssendung dabei. Dann macht das auch euren Anrufern klar! Schließlich wollen die gleich wissen, mit wem sie es zu tun haben!

Hallo, hier ist Karin!
Beim Klaubautermann! Ich versuche gerade Käpt'n Blaubär Konkurrenz zu machen und segle auf hoher See. Sei du bitte nicht Hein Blöd, sondern spreche mir ein wenig Seemannsgarn auf die Box!

Hallo, hier ist Zita!
Unter uns gesagt, die verbotene Liebe bereitet mir gerade schlechte Zeiten. Wenn du gute daraus machen kannst, sprich mir deinen Geheimtipp auf meine Mailbox!

Hier spricht der Big Brother von Uwe. Bist du Little Sister? Dann nominiere ich dich, ein Statement auf meiner Mailbox zu hinterlassen!

Hallo, hier spricht Christiane!
Leider stecke ich gerade im Big-Brother-Haus fest. Sobald ich da raus bin, rufe ich dich zurück.

Ich bin weder der Alte, Derrick, Schimanski noch der Kommissar, sondern einfach nur Gerhard. Deshalb will ich nicht ermitteln müssen, wer mich angerufen hat. Also, hinterlass deinen Fingerabdruck in Form einer Nachricht auf meiner Mailbox!

Hallo, hier ist Svenja!
Bin auf der Suche nach Heidi, Alm-Öhi und Ziegenpeter. Wenn ich sie gefunden habe, essen wir erst zusammen eine Tafel Schweizer Schokolade und dann rufe ich dich zurück. Hinterlass du mir doch so lange dein Echo auf meiner Mailbox!

Hier spricht Iris!
Wetten dass ... ich mal wieder vor dem Fernseher sitze und du mir gleich etwas Originelles auf meine Mailbox sprichst?!

Textnachrichten im Mobilnetz

SMS – Kurznachrichten per Handy

Der **S**hort **M**essage **S**ervice ermöglicht Ihnen, dass Sie Kurznachrichten direkt auf dem Display Ihres Handys ablesen können. Auf diesem Weg erhalten Sie Nachrichten, können sie aber auch versenden – und zwar an andere Handys, E-Mail-Adressen, Faxnummern, Scall, Cityruf und Skyper Empfänger.

Das Versenden von Kurznachrichten geht ganz einfach – und kostet Sie für bis zu 160 Zeilen höchstens 39 Pfennig (Stand August 2000). Innerhalb eines Netzes (zum Beispiel von D1 nach D1) wird es oft noch billiger. Und so geht's:

- Wählen Sie auf Ihrem Handy das Menü zum Versenden von Kurznachrichten.
- Geben Sie den Text über die Tastatur ein.
- Wählen Sie die Rufnummer des Empfängers.
- Senden Sie Ihre Botschaft per Tastendruck ab.

Besonders einfach und bequem ist der Versand von Kurznachrichten über PC oder Notebook: Die größere Tastatur macht das Eintippen der Nachrichten einfacher. Aber SMS kann noch mehr. Es ist beispielsweise Übersetzer in der Jackentasche (SMS einfach an die jeweilige Servicenummer schicken). Wer ein ganz persönliches Fax versenden möchte, kann sich seinen ganz persönlichen „Fax-Briefbogen" (mit Bankverbindung, Adresse, etc.) anlegen.

Schlüsselbotschaften mit Herz

Emoticons

Eine ganz besonders originelle, schnelle und kreative Art der Nachrichtenübermittlung sind Emoticons. Das sind Bildchen aus Textzeichen, die Gefühle oder Hintergedanken auf witzige Art übermitteln. Hier eine kleine Auswahl:

Die Standards

:-)	lachendes Gesicht, alles nicht so ernst nehmen
:-(	trauriges Gesicht, unglücklich
;-)	Augenzwinkern, „War nicht so ernst gemeint" …
:-O	„Oh!", Erstaunen, Erschrecken
:-D	lautes Lachen
:-X	Kuss
:-l	„darüber kann ich nicht lachen …"
:-/	skeptisch
':-/	sehr skeptisch!
:'-(	weinen
:~-(	heulen
:'-)	vor Freude weinen
:-*	küssen

Benutzer-Icons

:-!	Raucher, Rauchpause
:-?	Pfeifenraucher
:-Q	Zigarrenraucher
:-[	Vampir
:-{}	Kussmund
(:-)	Glatzkopf
-:-)	Punker
=:-)	noch ein Punker
&:-)	Elvis-Frisur

B:-) Sonnenbrille in die Stirn geschoben

{:-) Toupet

}:-) verrutschtes Toupet oder gehörnter Ehemann

[:-) Walkman (oder Frankensteins Monster)

@:-) Turban

*‹:-) Zipfelmütze (oder Weihnachtsmann)

d:-) Baseballkappe oder Bauarbeiterhelm

:*) betrunken

:-~) erkältet

:-’) auch erkältet oder Schönheitsfleck

.-) einäugig und Spaß dabei (oder Augenzwinkern)

,-) mit dem einen Auge blinzeln

O-) Taucher

\-) Augenklappe oder Brett vorm Kopf

8-) Brillenträger

B-) coole Sonnenbrille

R-(zerbrochene Sonnenbrille

#-) Was für eine Nacht!

#*) völlig betrunken

%-/ Katzenjammer am Morgen

I-| schlafen

I-O schlafen und schnarchen

:-=) Oberlippenbart (etwas altmodisch)

:-{) Schnauzer

:-)= Ziegenbart

:-){ Kinnbart

(-: Kopfstehen (oder Linkshänder oder Australier)

Persönlichkeiten

+0:-] der Papst

+-:-) auch der Papst, aber mit besserer Laune

*‹-) der Weihnachtsmann

]:-› Teufel

&:-) Elvis Presley

:-)8	Madonna
:-')B	Marilyn Monroe
:/7)	Cyrano de Bergerac
8:o)	Mickey Maus
=):-)=	Uncle Sam
=|:-)=	Abraham Lincoln
%-~	Pablo Picasso
:---I	Pinoccio
[:]	Roboter
››:-1	Klingone
‹*:DX	Clown
P-)	Pirat
C=:-)	Koch

Akronyme

So genannte Akronyme sind Kurzwörter, die aus Anfangsbuchstaben mehrerer Wörter gebildet werden. Man verwendet dazu englische Lautschrift. Beispielsweise:

- CU bedeutet „see you", also auf Deutsch: „Wir sehen uns" bzw. „tschüss"
- CU2 heißt „see you too" – also: „Ebenfalls tschüss".
- CYL bedeutet ausgeschrieben soviel wie „see you later", auf Deutsch also „bis später!"

Ebenfalls üblich sind Abkürzungen wie zum Beispiel ASAP. Die Bedeutung: „as soon as possible" – also: so schnell wie möglich.